南懷瑾文化

禪宗新語

南懷瑾◎著

出版說明

說到禪宗，一般都知道，是由印度的達摩大師，在南北朝時傳入中國的。但在《禪宗新語》這本書中，也告訴我們，早在達摩大師來到中國之前，中華本土就已經有了禪宗。

《禪宗新語》這本書，內容共十三篇，最初是分期刊登在《人文世界》月刊上的。這個月刊，本是　南師懷瑾先生，於一九七〇年，在臺灣所創辦。每期皆有三數篇南師的文章，各以不同的筆名發表。本書中的各篇，係以「南懷瑾講，席之珍記」的名義刊登的。實際上，各篇皆為南師親自撰寫，並非講錄。而所謂「新語」，乃是南師所作的解評。

書中各篇，除了講解禪宗的起源、發展、演變外，其重點都很關鍵，對於認識禪宗，或參究禪法的人來說，可以建立一個正確的觀念。如繼續前行，才不致隨俗誤入野狐禪或狂禪之流。

所以說，本書的內容，是十分嚴謹的。

本書在一九七三年初次出版時，是以「禪話」作為書名。今值修訂重新出版之際，恢復原來名稱「禪宗新語」。

出版工作過程，仍由晏浩學友負責文字的轉換工作，歐陽哲參與校對，其他幫忙的很多，在此一併致謝了。

劉雨虹 記

二〇一六年 夏月

話頭

——答叔、珍兩位質疑的信——

清人舒位詩謂：「秀才文選半飢驅」，龔定盦的詩也說：「著書都為稻粱謀」，其然乎！其不然乎？二十多年來，隨時隨地，都需要為驅飢而作稻粱的打算，但從來不厚此薄彼，動用頭腦來安撫肚子。雖然中年以來，曾有幾次從無想天中離位，寫作過幾本書，也都是被朋友們逼出來的，並非自認為確有精到的作品。

況且平生自認為不可救藥的缺點有二：粗鄙不文，無論新舊文學，都缺乏素養，不夠水準，此所以不敢寫作者一。秉性奇懶，但願「飽食終日，無所用心」，視為人生最大享受。一旦從事寫作，勢必勞神費力，不勝惶恐之至，此其不敢寫作者二。

無奈始終為飢餓所驅策，因此只好信口雌黃，濫充講學以餬口。為了講說，難免必須動筆寫些稿子，因此而受一般青年同好者所喜，自己翻覺臉紅。此豈真如破山明所謂：「山迴迴，水潺潺，片片白雲催犢返。風瀟瀟，雨灑灑，飄飄黃葉止兒啼。」如斯而已矣乎！

但能瞭解此意，則對我寫作、講說，每每中途而廢之疑，即可諒之於心。其餘諸點，暫且拈出一些古人的詩，借作「話題」一參，當可會之於心，啞然失笑了！

關於第一問者：

中路因循我所長　由來才命兩相妨
勸君莫更添蛇足　一盞醇醪不得嘗
（李商隱）

促柱危弦太覺孤　琴邊倦眼眄平蕪
香蘭自判前因誤　生不當門也要鋤
（龔自珍）

關於第二問者：

飽食終何用　難全不朽名
秦灰遭鼠盜　魯壁竄鯫生
刀筆偏無害　神仙豈易成
卻留殘闕處　付與豎儒爭
（吳梅村）

關於第三問者：

一鉢千家飯　孤身萬里遊
覩人青眼少　問路白雲頭
（布袋和尚）

勘破浮生一也無　單身隻影走江湖
鳶飛魚躍藏真趣　綠水青山是道圖

大夢場中誰覺我　千峯頂上視迷徒
終朝睡在鴻濛竅　一任時人牛馬呼
（劉悟元）

中華民國六十二年孟春　南懷瑾

目錄

中國禪宗的初祖——達摩大師

據禪宗史料的記載（《景德傳燈錄》宋本之西來年表），菩提達摩秉著他師父（印度禪宗第二十七祖般若多羅）的遺教，正當中國南朝梁武帝普通元年，後魏孝明帝正光元年（公元五二〇年）期間到達了中國。他師父的遺言說：「路行跨水復逢羊，獨自栖栖暗渡江。」便是指他由南印度渡海東來，先到南朝與梁武帝見面，話不投機，因此就栖栖惶惶地暗渡長江，到了北朝的轄區河南的嵩山少林寺。佛典中對於傑出的人才，向來比之為龍象。達摩大師在南北朝時代，傳授了禪宗的心法，雖然有了二祖慧可（神光）接承了他的衣鉢，但是道育和尚與道副和尚以及比丘尼總持，也都是他的入門弟子。尤其是神光與道育，更為傑出。但是他們遭遇的時勢，與傳教的阻力也更為艱難。這便是他師父遺言所謂：「日下可憐雙象馬，二株嫩桂久昌昌」的影射了。

中國的畫家，在元、明以後，經常喜歡畫一個環眼碧睛而虬髯的胡僧，足踏一枝蘆葦，站在滔滔的波浪間，作前進的姿態，那便是描寫達摩大師由南朝暗渡長江而到後魏的典故。達摩偷渡過江到北方去是不錯，是否用一枝蘆葦來渡江，卻無法稽考。這很可能是把神僧「杯度和尚」的故事，納入「獨自栖栖暗渡江」的詩情畫意中，以增添達摩的神異色彩。

對我是誰人不識

達摩大師由南印度航海東來先到了廣州，那時，距離唐太宗時代，大約還差一百年，玄奘法師還沒有出生。而在這以前，印度的佛教與印度文化的傳入中國，都是從西域經過中國西北部而來的。中國歷史上所稱的北魏或稱後魏，便是佛教文化的鼎盛地區，也是南北朝期間佛教最發達的時期。同時，也是中國佛教從事翻譯，講解佛經義理，尋思研探般若（慧學）等佛學文化的中心重鎮。

同此時期，南朝的梁武帝，也是篤信宗教的統治者，他以宗教家的資質，虔誠地信仰佛教與道教。曾經親自講解佛經與《老子》，又持齋信佛，捨身在佛寺裡做工。作為一個政治上統治的人物，以帝王之尊，捨身佛寺為奴，又充當傳教師，講解道書，過一過傳教師與學者的癮，這已是違背大政治家的法則，沒有做到無偏黨而「允執厥中」，也可以說因此便註定他要失敗的後果。所以達摩大師的師父（般若多羅），六十年前，遠在印度時，便預言他會失敗。他告訴達摩說：「你到中國傳道，將來悟道之士，多不勝數。但在我去世後六十多年，那一個將有災難，猶如『水中文布』（指梁武帝），你須好自為之。最好不要在南方久耽，因為南方的領導者，只是喜歡世俗有所為而為的佛教功德，對於佛法的真諦，並沒有真正的認識。」

達摩大師又問他師父，中國佛教以後發展的情形，他師父說：「從此以後再過一百五十年，會有個小災難。」同時告訴他另一預言：「心中雖吉外頭凶，川下僧房名不中。如遇毒龍生武子，忽逢小鼠寂無窮。」這便是指中國佛教僧眾中有些不自檢點，因此招來北周武帝的廢佛教、廢僧尼的災難，也就是中國佛教史有名的「三武之難」之一。

預言的偶中也罷，不幸而言中也罷，這是禪的零星小火花，而非禪的重心，並不足為奇。後來達摩大師初到南方與梁武帝見了面，梁武帝果然問他：「朕（我）登位以來，造佛寺、寫佛經，引度人們出家為僧，多得不可勝計。我這樣作功德，請問會有什麼結果？」大師說：「這些並無功德。」梁武帝問：「何以沒有功德？」大師說：「這些事，只是人們想求生天的果報，終歸是有滲漏的因果關係。猶如影子跟著形體，雖然是有，畢竟不是真實的事。」梁武帝又問：「怎樣才是真的功德呢？」大師說：「真正智慧的解脫，是證悟到智慧的體性，本來便是空寂、圓明、清淨、妙密的實相無相。這種智慧成就的真功德，不是以世俗的觀念求得的。」梁武帝問：「怎樣是聖道最高的第一義呢？」大師說：「空廓無相，並無聖道的境界。」梁武帝問：「那麼，與我相對的是誰呢？」大師說：「不知道。」

新語云：原文記載，帝問：「如何是聖諦第一義？」師曰：「廓然無聖」。帝問：「對朕者誰？」師曰：「不識」。今皆擅加語體新譯，以便此時此地的讀者容易曉了。如要求準確，仍須讀原文為準，不必隨便阿從。

唯「不識」一句，應照唐音讀之，相當於現在的廣東話、閩南語。蓋廣東話及閩南語，還能直接唐音。如照現代語讀之，認為「不識」，就是不認識的意思，大體固然可通，究竟離禪宗語錄的原意甚遠了。

又：禪宗教人直接認識「我」是什麼？什麼是「我」？元、明以後的禪師，教人參「念佛是誰？」也便是這個意思。梁武帝被達摩大師迫得窘了，問到得道聖人們至高無上的真理，第一義諦的境界是什麼？大師便說那是空廓無相，也無聖道存在的境界。因此使梁武帝更窘，所以他便直截了當用責問的口吻說：「對朕者誰？」這等於說：既然沒有境界，也沒有聖道和聖人的存在，那麼，你不是得道的祖師嗎？得道的祖師豈不就是聖人嗎？那你此刻和我相對，你又是誰呢？這一句，真問到關節上去。大師就抓住這個機會說：「莫知」啊！這等於說：不要說我本非我，你梁武帝若能真正懂得我本非我，現在相對之你我，畢竟無「我」可得時，你便成了！可惜梁武帝真「莫知」啊！所以大師也只好溜之大吉，偷偷地暗自渡江北去了！

關於「廓然無聖」一語，解釋得最透徹的，莫過於明末禪宗大師密雲圜悟的答問《中庸》「雖夫婦之愚，可以與知焉。及其至也，雖聖人亦有所不知焉」的話了。密雲圜悟禪師說：「具足凡夫法，凡夫不知。具足聖人法，聖人不知。凡夫若知，即是聖人。聖人若知，即是凡夫。」《尚書・多方》說：「惟聖罔念作狂，惟狂克念作聖」，皆作如是觀。

面壁而坐　終日默然

達摩大師渡過長江，到達少林寺後，便一天到晚默然不語，面對石壁跏趺而坐（俗名打坐）。他本來是從印度過來的外國和尚，可能當時言語不太通。同時，那個時代的人們，除了講論佛學經典的義理以外，只有極少數的人學習小乘禪定的法門，根本就不知道什麼是禪宗。因此一般人對於大師的「終日默然，面壁而坐」，就莫明其所以然了。所以大家便替他取了一個代號，叫他「壁觀婆羅門」。當此之時，舉世滔滔，哪裡找到明眼人？哪裡找個知心人？又向哪裡找個「舉世非之而不加沮，舉世譽之而不加勸」，立志以天下為己任的繼承人呢？所以他只有獨坐孤峯，面壁相對，沉潛在寂默無言的心境裡，慢慢地等待著後起之秀的來臨了！

新語云：後世學禪的人，有的「拿到雞毛當令箭」，認為要學禪宗，便須面對牆壁打坐，才是禪門的心法。而且這種情景，愈傳愈久，流入唐、宋以後的道家，修煉神仙丹法者的手裡，就變成「百日築基，三年哺乳，九年面壁」的修道程序了。換言之，只要花上十二、三年的修煉代價，便可「立地成仙」而「白日飛昇」。比起六歲開始讀書求學，花上十二、三年的時間，才拿到一個學位，然後謀得一個職業，也僅得溫飽而已。如此兩相比較，學仙實在太划得來。究竟是耶？非耶？或僅為夢寐求之的囈語耶？暫時保留意見，姑不具論。但把達摩大師初到中國，在少林寺「面壁而坐」的故事，變成修道或學佛的刻板工夫，實在令人啞然失笑。因為在大師傳授的教法中，實在找不出要人們都去面對牆壁而坐的指示啊！

為求真理而出家的少年學僧——神光

中國的文化思想，到了南北朝時代，承接魏、晉以來的「玄學」和「清談」之後，翻譯佛經與精思佛學的風氣，空前興盛。那種盛況，猶如現代追求科學的風氣一樣。於是，有一位傑出的青年，便在這個時代潮流中，衝進了禪宗的傳統，打破了大師「終日默然，面壁而坐」的岑寂。這就是後來中國禪宗尊為第二代祖師的神光大師。

神光大師，正式的法名叫慧可。他是河南武牢人，俗家姓姬。據說，他父親姬寂先生在沒有生他的時候，常常自己反省檢討，認為他的家庭，素來是積善之家，哪裡會沒有兒子呢？因此他開始祈禱求子。有一夜，他感覺到空中有一道特別的光明照到他們家，隨後他的妻子就懷孕而生了神光。因此就以光命名，紀念這段祥瑞的徵兆。這些都無關緊要，但照本直講，略一敘說而已。

神光在幼童時代，他的志氣就不同於一般兒童。長大以後，博覽詩書，尤其精通「玄學」。可是他對家人的生產事業並無興趣，而只喜歡遊山玩水，過著適性的生活，因此他經常來往於伊川與洛陽一帶。這在古代的農業社會裡，也並不算是太奢侈的事。

後來他對於「玄學」的道理，愈加深入了，結果反而感覺到空談「玄學」的乏味。並且常常感嘆地說：「孔子、老子的教義，只是人文禮法的學術，樹立了人倫的風氣與規範。《莊子》《易經》等書籍，也不能盡窮宇宙人生奧妙的真理。」由此可見他研究得愈深入，對形而上道愈抱有更大的懷疑了。後來他讀佛經，覺得還可以超然自得，因此他便到洛陽龍門的香山，皈依寶靜禪師，出家作了和尚。又在永穆寺受了佛教所有的戒律，於是便悠哉遊哉，往來於各處佛學的講座之間，遍學大乘與小乘所有的佛學。

到了三十二歲的時候，他又倦遊歸來，回到香山。一天到晚，只是靜坐。這樣經過了八年的苦行，有一天，在他默然靜坐到極寂靜的時候，忽然在定境中看見一個神人對他說：「你想求得成就的果位，何必停留在這裡呢？光明的大道並不太遠，你可以再向南去。」他聽了以後，知道這是神異的助力，因此便自己改名叫神光。但到了第二天，便覺得頭部猶如刀刺一樣的疼痛。他的師父寶靜法師知道了，想要叫他去治病。但空中又忽然有一個聲音說：「這是脫胎換骨，並非普通的頭痛。」於是神光便把自己先後兩次奇異的經過告訴了師父。他師父一看他的頭頂，真的變了樣，長出了五個崢嶸的頭骨，猶如五個山峯挺立而出一樣。因此便說：「你的相的確改變了，這是吉祥的兆頭，是可以證果的證明。你聽到神奇的聲音，叫你再向南去，我想在少林寺住著的達摩大師，可能就是你的得法師父。你最好到少林寺去探訪他，聽說他是一位得道的『至人』呢！」神光聽了他剃度師寶靜法師的教導，因此便到少林寺去找達摩大師。

新語云：後世講解禪宗或禪學的人，一提到二祖神光悟道的公案，便將神光向達摩大師求乞「安心」法門一節，認為是禪的重心。殊不知「安心」法門的一段記載，只是記述達摩大師在那個時候當機對境，藉此接引神光悟入心地境界，一時所用權巧方便的教授法，而並非禪宗的究竟即止於如此。

其次，大家除了追述神光因問取「安心」法門而悟道以外，完全忽略了二祖在未見達摩大師以前的個人經歷，和他修習佛學的用功，以及他未見達摩以前，曾經在香山「終日宴坐」修習禪定工夫達八年之久的經過。同時更忽略了達摩大師從般若多羅尊者處得法之後，以他的睿智賢達，還自依止其師執役服勤，侍奉了四十年之久。直到他師父逝世以後，他才展開宏法的任務。現在人習禪學道，不切實際，不肯腳踏實地去做工夫，而且只以主觀的成見，作客觀的比較。自己不知慧力和慧根有多少，不明是非的究竟，而以極端傲慢自是之心，只知誅求別人或禪人們的過錯，卻不肯反躬而誠，但在口頭上隨便談禪論道，在書本上求取皮毛的知識，便以此為禪，真使人油然生起「終日默然」之思了！

神光的斷臂

神光到達嵩山少林寺，見到達摩大師以後，一天到晚跟著他，向他求教。可是大師卻經常地「面壁」而坐，等於沒有看見他一樣，當然更沒有教導他什麼。但是神光並不因此而灰心退志，他自己反省思惟，認為古人為了求道，可以為法忘身；甚至，有的敲出了骨髓來做布施；還有的輸血救人；或者把自己的頭髮鋪在地上，掩蓋污泥而讓佛走過；也有為了憐愍餓虎而捨身投崖自絕，布施牠們去充飢（這些都是佛經上敘說修道人的故事）。在過去有聖賢住世的時代，古人們尚且這樣恭敬求法，現在我有什麼了不起呢？因此，他在那年十二月九日的夜裡，當黃河流域最冷的季節，又碰到天氣變化，在大風大雪交加之夜，他仍然站著侍候達摩大師而不稍動。等到天亮之後，他身邊堆積的冰雪，已經超過了膝蓋（後來宋儒程門立雪的故事，便是學習神光二祖恭敬求道的翻版文章）。

經過這樣的一幕，達摩大師頗為憐憫他的苦志。因此便問他：「你這樣長久地站在雪地中侍候我，究竟為了什麼？」神光被他一問，不覺悲從中來，因此便說：「我希望大和尚（和尚是梵文譯音，是佛教中最尊敬的稱呼，等於大師，也有相同於活佛的意義）發發慈悲，開放你甘露一樣的法門，普遍的廣度一般人吧！」我們讀了神光這一節答話的語氣，便可看出他在求達摩大師不要緘默不言地保守禪的奧密，而希望他能公開出來，多教化救濟些人。雖然每句話都很平和，但骨子裡稍有不滿。

達摩大師聽了以後，更加嚴厲地對神光說：「過去諸佛至高無上的妙道，都要從遠古以來，經過多生累劫勤苦精進的修持；行一般人所不能行的善行功德，忍一般人所不能忍的艱難困苦。哪裡可以利用一些小小的德行、小小的心機，以輕易和自高自慢的心思，就想求得大乘道果的真諦。算了罷！你不要為了這個念頭，徒然自己過不去，空勞勤苦了。」神光聽了達摩大師這樣一說，便偷偷地找到一把快刀，自己砍斷了左手的臂膀，拿來放在大師的前面。

新語云：這是中國禪宗二祖神光有名的斷臂求道的公案。我們在前面讀了神光大師學歷經歷的記載，便可知道神光的聰明智慧，絕不是那種笨獃瓜。再明白地說，他的智慧學問，只有超過我們而並不亞於我們。像我們現在所講的佛學之理，與口頭禪等花樣，他絕不是不知道。那麼他何以為了求得這樣一個虛無縹緲而不切實際的禪道，肯作如此的犧牲？除非他發瘋了，有了精神病，才肯那麼做，對嗎？世間多少聰明的人，都被聰明所誤，真是可惜可嘆！何況現代的人們，只知講究利害價值，專門喜歡剽竊學問，而自以為是呢！其次，更為奇怪的是神光為了求道，為什麼硬要砍斷一條臂膀？多叩幾個頭，跪在地上，加上眼淚鼻涕的苦苦哀求不就得了嗎？再不然送些黃金美鈔，多加些價錢也該差不多了。豈不聞錢可通神嗎？為什麼偏要斷臂呢？這真是千古獃事，也是千古奇事。神光既不是出賣人肉的人，達摩也不是吃人肉的人，為什麼硬要斷去一條臂膀呢？

姑且不說追求出世法的大道吧，世間歷史上許多的忠臣孝子、節婦義夫，他們也都和神光一樣是獃子嗎？寧可為了一個不著邊際的信念，不肯低頭，不肯屈膝，不肯自損人格而視死如歸，從容地走上斷頭臺，從容地釘上十字架。這又是為了什麼呢？

儒家教誨對人對事無不竭盡心力者謂之忠，敬事父母無不竭盡心力者謂之孝。如果以凡夫看來，應當也是獃事。「千古難能唯此獃」，我願世人「盡回大地花千萬，供養宗門一臂禪。」那麼，世間與出世間的事，盡於此矣。

此外，達摩大師的運氣真好，到了中國，恰巧就碰上了神光這個老好人。如果他遲到現在才來，還是用這種教授法來教人，不被人按鈴控告到法院裡去吃官司，背上種種的罪名才怪呢！更有可能會捱揍一頓，或者被人捅一短刀或扁鑽。如果只是生悶氣地走開算了，那還算是當今天底下的第一等好人呢。

後來禪宗的汾陽昭禪師便悟了這個道理，所以他晚年時，厭倦了「得天下之蠢才而教之」的痛苦，便故意開齋吃葷，趕跑了許多圍繞他的群眾。然後他便說：「你看，只要一盤肉，就趕跑了這些閒神野鬼。」多痛快啊！

達摩禪

了不可得安心法

神光為了求法斬斷了一條左臂，因此贏得了達摩大師嚴格到不近人情的考驗，認為他是一個可以擔當佛門重任，足以傳授心法的大器。便對他說：「過去一切諸佛，最初求道的時候，為了求法而忘記了自己形骸肉體的生命。你現在為了求法，寧肯斬斷了一條左臂，實在也可以了。」於是就替他更換一個法名，叫慧可。神光便問：「一切諸佛法印，可不可以明白地講出來聽一聽呢？」達摩大師說：「一切諸佛的法印，並不是向別人那裡求得的啊！」因此神光又說：「但是我的心始終不能安寧，求師父給我一個安心的法門吧！」達摩大師說：「你拿心來，我就給你安。」神光過了好一陣子才說：「要我把心找出來，實在了不可得。」達摩大師便說：「那麼，我已經為你安心了！」

新語云：這便是中國禪宗裡有名的二祖神光求乞「安心」法門的公案。一般都認為神光就在這次與達摩大師的對話中，悟得了道。其實，禪宗語錄的記載，只記敘這段對話，並沒有說這便是二祖神光悟道的關鍵。如果說神光便因此而大徹大悟，那實在是自誤誤人了。根據語錄的記載，神光問：「諸佛法印，可得聞乎？」達摩大師只是告訴他「諸佛法印，匪從人得。」也就是說：佛法並不是向別人那裡求得一個東西的。因此啟發了神光的反躬自省，才坦白說出「反求諸己」。

之後，仍覺得此心無法能安，所以求大師給他一個安心的法門。於是便惹得達摩大師運用啟發式的教授法，對他說：「只要你把心拿出來，我就給你安。」不要說是神光，誰也知道此心無形相可得，無定位可求，向哪裡找得出呢？因此神光只好老實地說：「要把心拿出來，那根本是了無跡象可得的啊！」大師便說：「我為汝安心竟。」這等於說：此心既無跡象可得，豈不是不必求安，就自然安了嗎？換言之，你有一個求得安心的念頭存在，早就不能安了。只要你放心任運，沒有任何善惡是非的要求，此心何必求安？它本來就自安了。雖然如此，假使真能做到安心，也只是禪門入手的方法而已。如果認為這樣便是禪，那就未必盡然了。

除此以外，其他的記載，說達摩大師曾經對神光說過：「外息諸緣，內心無喘。心如牆壁，可以入道。」神光依此作工夫以後，曾經以種種見解說明心性的道理，始終不得大師的認可。但是大師只說他講的不對，也並沒有對他說「無念便是心體」的道理。有一次，神光說：「我已經休息了一切的外緣了。」

大師說：「不是一切都斷滅的空無吧？」

神光說：「不是斷滅的境界。」

大師說：「你憑什麼考驗自己，認為並不是斷滅呢？」

神光說：「外息諸緣以後，還是了了常知的嘛！這個境界，不是言語文字能講得出來的。」

大師說：「這便是一切諸佛所傳心地的體性之法，你不必再有懷疑了。」

有些人認為這才是禪宗的切實法門，也有人以為這一段的真實性，值得懷疑。因為這種方法，近於小乘佛法的「禪觀」修習，與後來宗師們的方法，大有出入，而達摩大師所傳的禪，是大乘佛法的直接心法，絕不會說出近於小乘「禪觀」的法語。

其實，真能做到「外息諸緣，內心無喘。」就當然會內外隔絕，而「心如牆壁」了。反之，真能做到「心如牆壁」，那麼「外息諸緣，內心無喘。」也自然就是「安心」的法門了。所以神光的「覓心了不可得」，和達摩的「我為汝安心竟」，雖然是啟發性的教授法，它與「外息諸緣」等四句教誡性的方法，表面看來，好像大不相同。事實上，無論這兩者有何不同，都只是禪宗「可以入道」的方法，而非禪的真髓。

換言之，這都是宗不離教，教不離宗的如來禪，也就是達摩大師初來中國所傳的如理如實的禪宗法門，道地篤實，絕不虛幌花槍。這也正和大師付囑神光以四卷《楞伽經》來印證修行的道理，完全契合而無疑問了。現在人談禪，「外著諸緣，內心多欲。心如亂麻，哪能入道」呢！

禪宗開始有了衣法的傳承

達摩大師在少林寺耽了九年，將要回國之前，便對門人們說：「我要回國的時間快到了，你們都各自說說自己的心得吧！」

道副說：「依我的見解，不要執著文字，但也不離於文字，這便是道的妙用。」

大師說：「你得到我的皮毛了。」

總持比丘尼說：「依我現在的見解，猶如慶喜看見阿閦佛國（佛說東方另一佛之國土）的情景一樣。見過了一次，認識實相以後，更不須再見了。」

大師說：「你得到我的肉了。」

道育說：「四大（地、水、火、風）本來是空的，五陰（色、受、想、行、識）並非是實有的。依我所見，並無一法可得。」

大師說：「你得到我的骨了。」

最後輪到神光（慧可）報告，他只是作禮叩拜，而後依然站在原位，並未說話。

大師說：「你得到我的真髓了！」

因此又說：「從前佛以『正法眼』交付給摩訶迦葉大士，歷代輾轉付囑，累積至今，而到了我這一代。我現在交付給你了，你應當好好地護持它。同時我把我的袈裟（僧衣）一件傳授給你，作為傳法的徵信。我這樣做，表示了什麼意義，你可知道吧？」神光說：「請師父明白指示。」大師說：內在傳授法印，以實證心地的法門；外加傳付袈裟，表示建立禪宗的宗旨。因為後代的人們，心地愈來愈狹窄，多疑多慮，或許認為我是印度人，你是中國人，憑什麼說你已經得法了呢？有什麼證明呢？你現在接受了我傳授衣法的責任，以後可能會有阻難，屆時，只要拿出這件徵信的僧衣和我傳法的偈語，表明事實，對於將來的教化，便無多大妨礙了。

在我示滅後兩百年，這件僧衣就停止不傳了。那個時候，禪宗的法門，周遍到各處。不過明道的人多，真正行道的人很少；講道理的人多，通道理的人太少。但在千萬人中，沉潛隱密地修行，因此而證得道果的人也會有的。你應當闡揚此道，不可輕視沒有開悟的人，你要知道，任何一個人，只要在一念之間，廻轉了向外馳求的機心，便會等同於本來已自得道的境界一樣。現在，我把傳法偈語交代給你：

吾本來茲土　傳法救迷情
一花開五葉　结果自然成

同時引述《楞伽經》四卷的要義，印證修持心地法門的道理。接著大師又說：「《楞伽經》便是直指眾生心地法門的要典，開示一切眾生，由此悟入。我到中國以後，有人在暗中謀害我，曾經五次用毒。我也曾經親自排吐出毒藥來試驗，把它放在石頭上，石頭就裂了。其實我離開南印度，東渡到中國來，是因為中國有大乘的氣象，所以才跨海而來，以求得繼承心法的人。到了中國以後，因為機緣際遇還沒到，只好裝聾作啞，如愚若訥地等待時機。現在得到你，傳授了心法，我此行的本意總算有了結果了。」

新語云：除此以外，其他的事理應該去研讀原文，如《傳燈錄》《五燈會元》《指月錄》等禪宗彙書可知，不必多加細說。

達摩所傳的禪宗一悟便了嗎

看了以上所列舉達摩大師初到中國傳授禪宗心法的史料故事，根本找不出「一悟就了」便是禪的重心的說法。所謂「安心」法門，所謂「外息諸緣，內心無喘」等的教法，也不過是「可以入道」的指示而已。尤其由「外息諸緣，內心無喘」與「安心」而到達證悟的境界，實在需要一大段切實工夫的程序，而且更離不開佛學經論教義中所有的教理。達摩大師最初指出，要以四卷《楞伽經》的義理來印證心地用功法門，那便是切實指示修行的重要。

在佛學的要義裡，所謂「修行」的「行」字，它是包括「心行」（心理思想活動的狀況）和「行為」兩方面的自我省察、自我修正的實證經驗。如果只注重禪定的工夫以求自了，這就偏向於小乘的極果，欠缺「心行」和「行為」上的功德，而不能達到覺行圓滿的佛果境界。其次，倘使只在一機一境、一言一語上悟了些道理，認為稍有會心的情景就是禪，因此便逍遙任運，放曠自在，自信這就是道，這就是禪的悟境，那不變為「狂禪」和「口頭禪」才怪呢！這樣的禪悟，應該只能說是「禪誤」，才比較恰當。可是後世的禪風，滔滔者多屬此輩，到了現在，此風尤烈，哪裡真有禪的影子呢！

達摩大師所傳的禪宗，除了接引二祖神光一段特殊教授法的記載以外，對於學禪的重點，著重在修正「心念」和「行為」的要義，並曾經有最懇切的指示。可是人們都避重就輕，在「安心」而「可以入道」以後，忽略了如何發起慈悲的「心行」，與如何「待人接物」的「方便」。

達摩禪的二入與四行

新語云：達摩大師東來中國以後，他所傳授的原始禪宗，我們暫且命名它為「達摩禪」。現在概括「達摩禪」的要義，是以「二入」「四行」為主。所謂「二入」，就是「理入」與「行入」二門。所謂「四行」，就是「報冤行、隨緣行、無所求行、稱法行」等四行。

「理入」，是不離大小乘佛經所有的教理，由於圓融通達所有「了義教」的教理，深信一切眾生本自具足同一的真性，只因客塵煩惱的障礙，所以不能明顯地自證自了。如果能夠捨除妄想而歸真返璞，凝定在內外隔絕「心如牆壁」的「壁觀」境界上，由此堅定不變，更不依文解義，安生枝節，但自與「了義」的教理冥相符契，住於寂然無為之境。由此而契悟宗旨，便是真正的「理入」法門。這也就是後來「天臺」、「華嚴」等宗派所標榜的「聞、思、修、慧」「教、理、行、果」「信、解、行、證」等的濫觴。

換言之，達摩大師原始所傳的禪，是不離以禪定為入門方法的禪。但禪定（包括四禪八定）也只是求證教理，而進入佛法心要的一種必經的方法而已。如「壁觀」之類的禪定，最多只能算是小乘「禪觀」的極果，而不能認為禪定便是禪宗的宗旨。同時如「壁觀」一樣在禪定的境界上，沒有向上一悟而證入宗旨的，更不是達摩禪的用心了。

例如二祖神光在未見達摩以前，已經在香山宴坐八年。既然能夠八年宴然靜坐，難道就不能片刻「安心」嗎？何以他後來又有求乞「安心」法門的一段，而得到達摩大師的啟發呢？這便是在禪定中，還必須有向上一悟的明證。因此後來禪師們常有譬喻，說它如「獅子一滴乳，能迸散八斛驢乳。」

「行入」，是達摩大師以「四行」而概括大小乘佛學經論的要義，不但為中國禪宗精義的所在，而且也是隋、唐以後中國佛教與中國文化融會為一的精神之所繫。可惜後來一般學禪的人，看祖師的語錄、讀禪宗的彙書等，只喜歡看公案，參機鋒、轉語，而以為禪宗的宗旨，盡在此矣。殊不知錯認方向，忽略禪宗祖師們的真正言行，因此失卻禪宗的精神，而早已走入禪的魔境了。古德們所謂「杜撰禪和，如麻似粟」，的確到處都是。

（一）所謂「報冤行」

這是說，凡是學佛學禪的人，首先要建立一個確定的人生觀。認為我這一生，來到這個世界，根本就是來償還欠債，報答所有與我有關之人的冤緣的。因為我們赤手空拳、赤條條的來到這個世界上，本來就一無所有。長大成人，吃的穿的，所有的一切，都是眾生、國家、父母、師友們給予的恩惠。我只有負人，別人並無負我之處。因此要盡我之所有，盡我之所能，貢獻給世界的人們，以報謝他們的恩惠，還清我多生累劫自有生命以來的舊債。甚之，不惜犧牲自己而為世為人，濟世利物。大乘佛學所說首重布施的要點，也即由此而出發。

這種精神，不但與孔子的「忠恕之道」，以及「躬自厚，而薄責於人」的入世之教，互相吻合；而且與老子的「生而不有，為而不恃」的效法天道自然的觀念，以及「以德報怨」的精神，完全相同。達摩大師自到中國以後，被人所嫉，曾經五次施毒，他既不還報，也無怨言。最後找到了傳人，所願已達，為了滿足妒嫉者仇視的願望，才中毒而終。這便是他以身教示範的宗風。以現代語來講，這是真正宗教家、哲學家的精神所在。蘇格拉底的從容自飲毒藥；耶穌的被釘上十字架；子路的正其衣冠，引頸就戮；文天祥的從容走上斷頭臺等事蹟，也都同此道義而無二致。只是其間的出發點與目的，各有不同。

原始在印度修習小乘佛學有成就的阿羅漢們，到了最後的生死之際，便說：「我生已盡，梵行已立，所作已辦，不受後有。」然後便溘然而逝，從容而終。後來禪宗六祖的弟子，永嘉大師在《證道歌》中說：「了即業障本來空，未了還須償宿債。」都是這個宗旨的引申。所以真正的禪宗，並不是只以梅花明月，潔身自好為究竟。後世學禪的人，只重理悟而不重行持，早已大錯而特錯。因此達摩大師在遺言中，早已說過：「至吾滅後二百年，衣止不傳，法周沙界。明道者多，行道者少。說理者多，通理者少。」深可慨然！

僧曇琳序記《達摩大師略辨大乘入道四行》云：

「謂修道行人若受苦時，當自念言：我從往昔無數劫中，棄本從末，流浪諸有，多起冤憎，違害無限。今雖無犯，是我宿殃，惡業果熟，非天非人所能見與。甘心忍受，都無冤訴。經云：逢苦不憂。何以故？識達故。此心生時，與理相應，體冤進道，故說言報冤行。」

（二）所謂「隨緣行」

佛學要旨，標出世間一切人、事，都是「因緣」聚散無常的變化現象。「緣起性空，性空緣起。」此中本來無我、無人，也無一仍不變之物的存在。因此對苦樂、順逆、榮辱等境，皆視為等同如夢如幻的變現，而了無實義可得。後世禪師們所謂的「放下」、「不執著」、「隨緣消舊業，更莫造新殃。」也便由這種要旨的扼要歸納而來。這些觀念，便是「淡泊明志，寧靜致遠」的更深一層的精義。它與《易經・繫辭傳》所謂：「君子所居而安者，易之序也。所樂而玩者，爻之辭也。」《中庸》的「居易以俟命」，以及老子的「少私寡欲」法天之道，孔子的「飯蔬食，飲水，曲肱而枕之，樂亦在其中矣。不義而富且貴，於我如浮雲。」等教誡，完全吻合。

由此觀念，而促使佛家許多高僧大德們「入山唯恐不深」「遯世唯恐不密」。由此觀念，而培植出道、儒兩家許多隱士、神仙、高士和處士們「清風亮節」的高行。但如以「攀緣」為「隨緣」，則離道日遠，雖然暫時求靜，又有何益？

僧曇琳序記云：

「眾生無我，並緣業所轉。苦樂齊受，皆從緣生。若得勝報榮譽等事，是我過去宿因所感，今方得之。緣盡還無，何喜之有。得失從緣，心無增減。喜風不動，冥順於道。是故說言隨緣行也。」

（三）所謂「無所求行」

這是大乘佛法心超塵累、離群出世的精義。凡是人，處世都有所求。有了所求，就有所欲。換言之，有了所欲，必有所求。有求就有得失、榮辱之患；有了得失、榮辱之患，便有佛說「求不得苦」的苦惱悲憂了。所以孔子也說：「吾未見剛者。」或對曰：「申棖」。子曰：「棖也欲，焉得剛。」如果把孔子所指的這個意義，與佛法的精義啣接並立起來，便可得出「有求皆苦，無欲則剛」的結論了。

一個真正誠心學佛修禪的人，則必有一基本的人生觀，認為盡其所有，都是為了償還宿世的業債，而酬謝現有世間的一切。因此立身處世在現有的世間，只是隨緣度日以消舊業，而無其他的所求了。這與老子的「道法自然」以及「不自伐，故有功。不自矜，故長。夫唯不爭，故天下莫能與之爭。」乃至孔子所謂：「富而可求也，雖執鞭之士，吾亦為之。如不可求，從吾所好。」都是本著同一精神，而從不同的立場說法。但是後世學禪的人，卻以有所得的交易之心，要求無相、無為而無所得的道果，如此恰恰背道而馳，於是適得其反的效果，當然就難以避免了。

僧曇琳序記云：

「世人長迷，處處貪著，名之為求。智者悟真，理將俗反。安心無為，形隨運轉。萬有斯空，無所願樂。功德黑暗，常相隨逐。三界久居，猶如火宅。有身皆苦，誰得而安。了達此處，故捨諸有，息想無求。經云：有求皆苦，無求乃樂。判知無求，真為道行。故言無所求行也。」

（四）所謂「稱法行」

這是歸納性的包括大小乘佛法全部行止的要義。主要的精神，在於了解人空、法空之理，而得大智慧解脫道果以後，仍須以利世濟物為行為的準則。始終建立在大乘佛法以布施為先的基礎之上，並非專門注重在「榔栗横擔不顧人，直入千峯萬峯去。」而認為它就是禪宗的正行。

僧曇琳序記云：

「性淨之理，目之為法。此理，眾相斯空，無染無著，無此無彼。經云：法無眾生，離眾生垢故。法無有我，離我垢故。智者若能信解此理，應當稱法而行。法體無慳，於身命財，行檀捨施，心無悋惜。達解三空，不倚不著。但為去垢，稱化眾生，而不取相。此為自行，復能利他，亦能莊嚴菩提之道。檀施既爾，餘五亦然。為除妄想，修行六度而無所行，是為稱法行。」

以上所說的，是達摩禪的「正行」，也便是真正學佛、學禪的「正行」。無論中唐以後的南北二宗是如何的異同，但可以肯定的說一句：凡不合於達摩大師初傳禪宗的「四行」者，統為誤謬，那是毫無疑義的。如果確能依此而修心行，則大小乘佛學所說的戒、定、慧學，統在其中矣。

達摩大師曾經住過禹門千聖寺三天，答覆期城太守楊衒之的問題，其原文如下：

楊問：「西天五印師承為祖，其道如何？」

師曰：「明佛心宗，行解相應，名之曰祖。」

又問：「此外如何？」

師曰：「須明他心，知其今古。不厭有無，於法無取。不賢不愚，無迷無悟。若能是解，故稱為祖。」

又問：「弟子歸心三寶，亦有年矣。而智慧昏蒙，尚迷真理。適聽師言，罔知攸措。願師慈悲，開示宗旨。」

師知懇到，即說偈曰：「亦不覩惡而生嫌，亦不觀善而勤措。亦不捨智而近愚，亦不拋迷而就悟。達大道兮過量，通佛心兮出度。不與凡聖同躔，超然名之曰祖。」

衒之聞偈，悲喜交並。曰：「願師久住世間，化導群有。」

師曰：「吾即逝矣，不可久留。根性萬差，多逢患難。」

五度中毒　隻履西歸

聖賢的應世，都為濟物利生而立志。但聖賢的事業，都從艱危困苦中而樹立。甚之，賠上自己的性命，也是意料中事。達摩大師看到當時印度佛教文化，已經不可救藥。看到中國有大乘氣象，可以傳佛心法，所以他便航海東來，在中國住了九年，而且在短短的九年之中，大半時間，還是終日默然在少林寺面壁而坐，如此與世無爭，為什麼還有些人想盡辦法要謀害他？這是所為何來呢？

有一次，某大學一位哲學研究所的學生問我：「學禪學佛的人，起碼應該是看空一切。為什麼禪宗六祖慧能大師為了衣鉢，還要猶如避仇一樣地逃避爭奪的敵對派？這樣看來，又何必學佛修禪呢？」這與達摩大師來傳禪宗心法，為什麼還有人要五、六次謀害他這件事，都是同一性質的問題。

如果從這個角度看來，我們號稱為萬物之靈的人類，本來就有這樣醜陋而可怕的一面。古語說：「文章是自己的好」，所以「文人千古相輕」，爭端永遠不息。這所謂的文人，同時還包括了藝術等近於文學的人和事。其實，豈但「文人千古相輕」，各界各業，乃至人與人之間，誰又真能和平地謙虛禮讓呢？所以「宗教中千古互相敵視」，「社會間千古互相嫉恨」，都是司空見慣，中外一例的事。人，就是這樣可憐的動物，天生具有妒嫉、仇視別人的惡根，倘使不經道德學問的深切鍛鍊與修養，它是永遠存在的，只是有時候並未遇緣爆發而已。

還有些專講仁義道德和宗教的人，學識愈深，心胸愈窄，往往為了意見同異之爭，動輒意氣用事，乃至非置人於死地不可。佛說「貪、嗔、癡、慢、疑」五毒，是為眾生業障的根本。妬嫉、殘害等心理，都是隨五毒而來的無明煩惱。道行德業愈高，愈容易成為眾矢之的。所謂「高明之家，鬼瞰其室。」也包括了這個道理。

印度的禪宗二十四代祖師師子尊者，預知宿報而應劫被殺。後世密宗的木訥尊者，具足六通，也自甘為嫉者飲毒而亡。此外，如耶穌的被釘十字架；希臘的大哲學家蘇格拉底飲毒受刑；孔子困於陳、蔡，厄於魯、衞之間，其所遭遇的艱危困頓，惟僅免於死而已。達摩大師最後的自願飲毒，對證他所昭示的「四行」的道理，可以說他是「心安理得」，言行如一。後來二祖神光的臨終受害，也是依樣畫葫蘆。

其次，關於達摩大師的下落，在中國禪宗的史料上，就有好幾種不同的傳說。最有名的，便是「隻履西歸」的故事。據宋本《傳燈錄》祖師及西來年表的記載，當梁大通二年，即北魏孝明武泰元年，達摩大師以「化緣已畢，傳法得人。」遂自甘中毒而逝，葬熊耳山，起塔（即世俗人之墳墓）於定林寺。記云：

「北魏宋雲，奉使西域迴。遇師於蔥嶺，見手攜隻履，翩翩獨行。雲問師何往？師曰：西天去。又謂雲曰：汝主已厭世。雲聞之茫然，別師東邁。暨復命，即明帝已登遐矣。迨孝莊即位，雲具奏其事。帝令啟壙，惟空棺，一隻草履存焉。」

其次，僧念常著《佛祖歷代通載》，關於達摩大師的死生問題，曾有論曰：「昔嵩明教著《傳法正宗記》，稱達摩住世凡數百年，諒其已登聖果，得意生身，非分段生死所拘。及來此土，示終葬畢，乃復全身以歸，則其住壽固不可以世情測也……」

但念常的結論，對於明教法師的論述，並不謂然。如云：「故二祖禮三拜後依位而立，當爾之際，印塵劫於瞬息，洞剎海於毫端，直下承當，全身負荷，正所謂『通玄峯頂，不是人間』，入此門來，不存知解者也。抑烏有動靜去來彼此時分而可辯哉！」

又：盛唐以後，西藏密教興盛。傳到宋、元之間，密宗「大手印」的法門，普遍宏開。而且傳說達摩大師在中國「隻履西歸」以後，又轉入西藏傳授了「大手印」的法門。所以認為「大手印」也就是達摩禪；禪宗，也就是大密教。

至於《高僧傳》，則只寫出了達摩大師自稱當時活了一百五十歲。

總之，這些有關神通的事情，是屬於禪與宗教之間的神祕問題，姑且存而不論。因為禪宗的重心：「只貴子眼正，不貴子行履。」神通的神祕性，與修持禪定工夫的行履有關，所以暫且略而不談。

南北朝時代之中國禪與達摩禪

北魏齊梁之間佛學與佛教發展的大勢

中國的歷史，繼魏晉以後，就是史書上所稱的南北朝時代。這個時代從東晉開始，到李唐帝業的興起，先後約經三百年左右，在這三百年間，從歷史的角度，和以統一為主的史學觀念來說，我們也可稱之為中國中古的「黑暗時期」，或「變亂時期」。而從人類世界歷史文化的發展來說，每個變亂的時代，往往就是文化、學術思想最發達的時代。或是時代刺激思想而發展學術；或由思想學術而反激出時代的變亂，實在很難遽下定論。因為錯綜複雜的因素太多，不能單從某一角度而以偏概全。現在僅從禪宗的發展史而立論，除了已經提出在北魏與梁武帝時代的達摩禪傳入中國以外，還必須先瞭解當時在中國佛教中的中國禪等情形，然後綜合清理其間的種種脈絡，才能瞭解隋、唐以後中國禪宗興起的史實。

人盡皆知達摩大師初來中國的動機，是他認為「東土震旦，有大乘氣象。」因此渡海東來，傳授了禪宗。我們從歷史上回顧一下那個時期中國佛教的情形，究竟是如何的有大乘氣象呢？現在先從東晉前後的情勢來講。

關於翻譯佛經：著名的，有鳩摩羅什、佛陀耶舍、佛馱跋陀羅、法顯、曇無竭等聲勢浩大的譯經事業。由東晉到齊、梁之間，後先相繼，其中約有三十多位大師為其中心，盡心致力其事。

關於佛學義理之高深造詣：著名的，有朱士行、康僧淵、支遁、道安、曇翼、僧叡、僧肇、竺道生、玄暢等，而先後相互輝映的輔佐人士，約三百人左右。

至於其中首先開創宗派，成為中國佛教之特徵的，就是慧遠法師在廬山結立白蓮社，為後世中國淨土宗的初祖。

此外，以神異（神通）作為教化的，先後約三十人左右。其中東晉時期的佛圖澄、劉宋的神僧杯度等，對於當代匡時救世之功，實有多者。至於其他以習禪、守戒，以及從事宣揚佛教的各種活動而著名於當世的，先後約有一百二、三十人。但以上所說，只是對當時佛教中的西域客僧，與中國的出家僧人而言。有關比丘尼（出家的女眾）、帝王、將相、長者、居士，以及一般林林總總的信奉者，當然無法統計。惟據史稱梁天監八年，即北魏永平二年間（西元五〇九年）的記載，可以窺其大略：

「時佛教盛於洛陽（魏都），沙門自西域來者，三千餘人。魏主別為之立永明寺千餘間以居之。處士馮亮有巧思，魏主使擇嵩山形勝之地，立閒居寺，極岩壑土木之美。由是遠近承風，無不事佛。比及延昌（北魏宣武帝年號），州郡共有一萬三千餘寺，僧眾二百萬。」

但是南朝由宋、齊、梁所建立的佛寺，以及度僧出家的人數，還不在此限，也無法詳細統計，如據《神僧傳》等所載梁武帝對達摩大師所說：「朕即位以來，造寺、寫經、度僧，不可勝數」雖然言之過甚，但以梁武帝的作風來說，當然是很多很多。後來中唐時代詩人杜牧詩云：「南朝四百八十寺，多少樓臺煙雨中。」也只是指出鄰近於金陵、揚州一帶，江南的一角而已，並不涉及黃河南北與大江南北等地。從以上所列舉的情形，對於當時的佛教和佛學文化的發展趨勢，足以看出它聲勢的浩大，影響朝野上下，無所不至。

總之，魏晉南北朝時代三百年間，由五胡亂華的變亂而形成戰伐不已的局面，凡有才識之士，大都傾向於當時名士陶淵明的高蹈避世路線。同時又適逢佛學開始昌明，因此就將悲天憫人的情緒，統統趨向於形而上道的思想領域。所以佛教中的人才，大多都是當時英華秀出的俊彥之士。次如立身從政，而又「危行言遜」的文人學士，名重當時而足以影響學術思想者，如齊、梁之間的范雲、沈約、任昉、陶弘景、謝朏、何點、何胤、劉勰等人，都與佛學結有不解之緣。

齊梁之間中國的大乘禪

佛學的主旨，重在修證，而修證的方法，都以禪定為其中心。自東晉以來，因佛圖澄等人，屢示神異為教化，並又傳譯小乘禪觀等的修持方法。修習禪定，對於一般從事佛學研究和信仰佛教者，已經成為時髦的風氣。後來又因譯經事業的發達，許多英華才智之士，吸收佛學的精義，融會中國固有文化的精華，漸已開始形成中國大乘佛學的新面目，因此達摩大師從印度東來之前曾說：「東土震旦，有大乘氣象」並非完全是憑空臆測之語。即使達摩大師不來中國傳授禪宗，如果假以時日，中國的禪道，亦將獨自形成為另一新興的宗派，猶如東晉時期的慧遠法師，獨立開創淨土宗一樣。這也是事有必至，理有固然的道理。例如在齊、梁之際，當達摩大師東來之先，中國本土大乘禪的代表人物，最著名的，便有寶誌和尚、傅大士、慧文法師等三人，而且他們的言行，對於隋、唐以後新興的禪宗與其他宗派——如天臺、華嚴宗等，都有莫大的影響。

中國大乘禪的初期大師

寶誌禪師，世稱誌公和尚，據梁釋慧皎所撰《高僧傳》的記載，原名保誌。

「保誌，本姓朱，金城人。少出家，師事沙門僧儉為和尚，修習禪業，至宋太始初，忽如僻異，居止無定，飲食無時，髮長數寸，常跣行街巷，執一錫杖，杖頭掛剪刀及鏡，或掛一兩匹帛。齊建元中，稍見異跡，數日不食，亦無飢容。與人言，始若難曉，後皆效驗。時或賦詩，言如讖記。京土士庶，皆敬事之……」

又據《五燈會元》等所載：

「初，東陽民朱氏之婦，上巳日，聞兒啼鷹巢中，梯樹得之，舉以為子。七歲，依鍾山沙門僧儉出家，專修禪觀。宋太始二年，髮而徒跣，著錦袍，往來皖山劍水之下，以剪尺拂子掛杖頭，負之而行。天監二年，梁武帝詔問：弟子煩惑未除，何以治之？答曰：十二。帝問其旨如何？答曰：在書字時節刻漏中。帝益不曉……」

總之，誌公在齊、梁之際，以神異的行徑，行使教化，這是他處亂世行正道，和光同塵的逆行方式，正如老子所說：「正言若反」的意義一樣。而他對於大乘佛法的正面真義，卻有〈大乘讚〉十首，〈十二時頌〉與〈十四科頌〉等名著留傳後世。尤其是〈十四科頌〉，對於當時以及後世的佛學思想，與佛法修證的精義，充分發揮了中國佛學的大乘精神。我們在千載以後讀之，已經習慣成自然，並不覺得怎樣特別，但對當時的學術思想界，和佛學的觀念說來，卻是非常大膽而富有創見的著作，的確不同凡響。其中他所提出十四項「不二法門」的觀點，影響隋、唐以後的佛學和學術思想，實在非常有力。也可以說，唐代以後的禪宗，與其說是達摩禪，毋寧說是混合達摩、誌公、傅大士的禪宗思想，更為恰當。因文繁不錄，但就誌公〈十四科頌〉的提示，便可由此一斑而得窺全豹。

（一）菩提煩惱不二（二）持犯不二（三）佛與眾生不二（四）事理不二（五）靜亂不二（六）善惡不二（七）色空不二（八）生死不二（九）斷除不二（十）真俗不二（十一）解縛不二（十二）境照不二（十三）運用無礙不二（十四）迷悟不二。

以上所舉誌公〈十四科頌〉的題綱，雖然沒有完全抄錄內容，但他所提出的問題，都是當時佛學界的重要問題。因為漢末到齊梁之間，大乘佛學的內容，尚未完全翻譯過來，大多都是根據小乘佛學的觀點，還未融會大小乘佛學的真諦。總之，當齊、梁之際，在誌公之前，中國本土的學者，極少有人能融會佛學的大乘義理與禪定的修證工夫，而知行合一的。但從誌公、傅大士、慧文法師以後，那就大有不同了。

因此如果要講中國禪的開始和禪宗的發展史，就應當從誌公等人說起。

但誌公遭逢亂世，同時中國禪的風氣，尚未建立，因此故意裝瘋賣傻，而以神祕的姿態出現。就如他的出生與身世，也都是充滿了神祕的疑案。到了南宋以後，杭州靈隱寺的道濟禪師，他的作風行徑，也走此路線，世稱「濟公」。後人景慕他的為人，把他的傳聞事蹟，在明、清以後，還編成小說，稱為《濟公傳》，普遍流行，深受一般社會的歡迎。《濟公傳》中許多故事，就是套用誌公的事蹟，混合構想而編成的。至於以神異行化的作用何在，我認為梁釋慧皎法師著作《高僧傳》的評論，最為恰當。如云：

「論曰：神道之為化也，蓋以抑誇強、摧侮慢、挫兇銳、解塵紛。至若飛輪御寶，則善信歸降；竦石參煙，則力士潛伏。當知至治無心，剛柔在化，自晉惠失政，懷愍播遷，中州寇蕩，竇羯亂交，淵曜篡虐於前，勒虎潛兇於後，郡國分崩，民遭塗炭。澄公憫鋒鏑之方始，痛刑害之未央，遂彰神化於葛陂，騁懸記於襄鄴，藉祕咒而濟將盡，擬香氣而拔臨危，瞻鈴映掌，坐定凶吉，終令二石稽首，荒裔子來，澤潤蒼生，固無以校也。其後佛調、耆域、涉公、杯度等，或韜光晦影，俯同迷俗；或顯現神奇，遙記方兆；或死而更生；或窆後空槨；靈跡怪詭，莫測其然！但典章不同，去取亦異，至如劉安、李脫，書史則以為謀僭妖蕩，仙錄則以為羽化雲翔。夫理之所貴者，合道也，事之所貴者，濟物也，故權者反常而合道，利用以成務。然前傳所記，其詳莫究，或由法身應感，或是遁仙高逸，但使一分兼人，便足高矣。至如慧則之感香甕，能致痼疾消瘳；史宗之過漁梁，迺令潛鱗得命；白足臨刃不傷，遺法為之更始；保誌分身圓戶，帝王以之加信；光雖和而弗汚其體，塵雖同而弗渝其真。故先代文紀，並見宗錄。若其誇衒方伎，左道亂時，因神藥而高飛，藉芳芝而壽考，與夫雞鳴雲中，狗吠天上，蛇鵠不死，龜靈千年，曾是為異乎！」

南朝的奇人奇事
——中國維摩禪大師傅大士

平實身世

傅大士，又稱善慧大士。這都是後世禪宗和佛教中人對他的尊稱（大士或開士，都是佛學對菩薩一辭意譯的簡稱）。他是浙江東陽郡義烏縣雙林鄉人，父名傅宣慈，母王氏，大士生於齊建武四年（西元四九七年），禪宗初祖達摩到中國時，他已二十三歲。本名翕，又說名弘。十六歲，娶劉妙光為妻。生二子，一名普建，一名普成。他在二十四歲時，和鄉里中人同在稽亭浦捕魚，捕到魚後，他又把魚籠沉入水中，一邊禱祝著說：「去者適，止者留。」大家都笑他是「愚人」。

照影頓悟

當時，有一位印度來的高僧，他的名字也叫達摩（與禪宗初祖的達摩同音，不知是同是別），也住在嵩山，所以一般人都叫他為嵩頭陀。有一天，嵩頭陀來和傅大士說：「我與你過去在毗婆尸佛（在釋迦牟尼佛前六佛之首）前面同有誓願，現在兜率天宮中，還存有你我的衣鉢，你到哪一天才回頭啊？」大士聽後，瞪目茫然，不知所對。因此嵩頭陀便教他臨水觀影，他看見自己的頭上有圓光寶蓋等的祥瑞現象，因此而頓悟前緣。他笑著對嵩頭陀說：「鑪鞴之所多鈍鐵，良醫之門足病人。」救度眾生，才是急事，何必只想天堂佛國之樂呢！

新語云：傅大士因受嵩頭陀之教，臨水照影而頓悟前緣，這與「釋迦拈花，迦葉微笑」同是「不立文字，教外別傳」的宗門作略。但傅大士悟到前緣之後，便發大乘願行，不走避世出家的高蹈路線，所以他說出「鑪鞴之所多鈍鐵，良醫之門足病人。度生為急，何思彼樂乎」的話。這話真如獅子吼，是參禪學佛的精要所在，不可等閒視之。以後傅大士的作為，都依此願而行，大家須於此處特別著眼。

被誣入獄

他悟到前緣之後，便問嵩頭陀哪個地方可以修道？嵩頭陀指示松山山頂說：「此可棲矣」，這便是後來的雙林寺。山頂有黃雲盤旋不散，因此便叫它為黃雲山。後此，大士就偕同他的妻子「躬耕而居之」。有一天，有人來偷他種的菽麥瓜果，他便給他裝滿了籃子和籠子，叫他拿回去。他和妻子，白天耕作，夜裡修行佛事。有時，也和妻子，替人幫傭，晝出夜歸。這樣修鍊苦行過了七年，有一天，他在定中，看見釋迦、金粟、定光，三位先佛放光照到他的身上，他便明白自己已得首楞嚴的定境了。於是，他自號為「雙林樹下當來解脫善慧大士」，經常講演佛法。從此「四眾（僧尼男女）常集」，聽他講論佛法。因此，郡守王烋認為他有妖言惑眾的嫌疑，就把他拘囚起來。他在獄中經過了幾十天，不飲也不食，使人愈加欽仰，王烋只好放了他。還山以後，愈加精進，遠近的人，都來師事大士。從此，他經常開建供養布施的法會。

新語云：歷來從事教化的聖賢事業，都會遭逢無妄之災的苦難，這幾乎成為天經地義的事。俗語說：「道高一尺，魔高一丈」並非完全虛語。就以南北朝時代禪宗初期的祖師們來說，誌公與傅大士，都遭遇到入獄的災難。至於達摩大師，卻遭人毒藥的謀害。二祖神光，結果是受刑被戮。如果是不明因果、因緣的至理，不識償業了債的至誠，誰能堪此。所以《寶王三昧論》說：「修行不求無魔，行無魔則誓願不堅。」世出世間，同此一例。以此視蘇格拉底、耶穌等的遭遇，也是「事有必至，理有固然。」又何悲哉！

捨己為人

傅大士為了化導大眾，便先來勸化他的妻子，發起道心，施捨了田地產業，設大法會來供養諸佛與大眾。他作偈說：

捨抱現天心　傾資為善會
願度群生盡　俱翔三界外
歸投無上士　仰恩普令蓋

剛好，那一年又碰到了大荒年，大家都普遍在飢餓中。他從設立大會之後，家中已無隔宿之糧，當他的同里人傅昉、傅子良等入山來做供養時，他便勸導妻子，發願賣身救助會費。他的妻子劉妙光聽了以後，並不反對，就說：「但願一切眾生，因此同得解脫。」大通二年（西元五二八年）三月，同里傅重昌、傅僧舉的母親，就出錢五萬，買了他的妻子。大士拿到了錢，就開大會，辦供養（賑濟），他發願說：「弟子善慧，稽首釋迦世尊，十方三世諸佛，盡虛空，遍法界，常住三寶。今捨妻子，普為三界苦趣眾生，消災集福，滅除罪垢，同證菩提。」過了一個月後，那位同里的傅母，又把他的妻子妙光送回山中來了。

從此以後，傅大士的同里中人，受到他的感化，也有人學他的行徑，質賣妻子來做布施，也有人捐供全部財產來做布施，大士都為他們轉贈於別人或修道的人。他的靈異事蹟，由此而日漸增加，然「謗隨名高」，毀蔑他的謠言也愈來愈多，但大士不以為忤，反而倍增憐憫眾生的悲心。當時，有一位出家的和尚，法名慧集，前來山中求法，大士便為他講解無上菩提的大道，慧集自願列為弟子，經常出外宣揚教化，證明大士便是彌勒菩薩的化身。大士每次講說佛法，或做布施功德的時候，往往凝定神光在兩眼之間，諸佛加庇，互相感通，所以他的眼中常現金色光明之相。他對大眾說：「學道若不值無生師，終不得道。我是現前得無生人，昔隱此事，今不覆藏，以示汝等」云云。

新語云：梁武帝，身為帝王之尊，為了學佛求福，曾經捨身佛寺為奴，留為千古笑談。傅大士身為平民，為了賑災，為了供養眾生，捨賣了妻子，他是為眾生消災集福，滅除罪垢，同證菩提，而並不是為了自己。這與梁武帝的作為相同，而動機大有不同。佛經上說：大乘菩薩的行道，為了眾生，可以施捨資財、眷屬、妻子，乃至自己的頭目腦髓。嗚呼！禪之與佛，豈可隨便易學哉！孔子曰：博施濟眾，堯舜其猶病諸！戛戛難矣哉！

其次，我們由於傅大士的賣妻子，集資財，做布施的故事，便可瞭解世間法和出世法事難兩全的道理。世間法以富貴功名為極致，所以〈洪範〉五福，富居其一。出世法以成道的智慧為成就，所以佛學以般若（智慧）解脫為依歸。但做法施（慧學的施捨）者，又非資財而不辦，自古至今，從事宗教與學術思想者，莫不因此困厄而寂寞終身，否則，必依賴於權勢和財力，方能施行其道。傅大士為了要宏法利生，先自化及平民，終至影響朝野，須知大士當時的經過，在彼時期，其發心行願，尤有甚於捨賣妻子的艱苦，豈獨只以先前的躬耕修道方為苦行？其實，修菩薩行者，終其一生的作為，無一而不在苦行中。佛說以苦為師，苦行也就是功德之本。其然乎？其不然乎？

名動朝野

此後，大士認為行化一方，法不廣被，必須感動人主，才能普及，他就命其弟子傅暀奉書梁武帝，條陳上中下善，希望梁武帝能夠接受：「其上善，以虛懷為本，不著為宗，無相為因，涅槃為果。其中善，以治身為本，治國為宗，天上人間，果報安樂。其下善，以護養眾生，勝殘去殺，普令百姓，俱稟六齋。」傅暀抵達金陵，通過大樂令何昌和同泰寺的浩法師，才得送達此書。梁武帝雖欣然接見，但為了好奇，也要試他的靈異，便叫人預先鎖住所有的宮門。大士早已預備了大木槌，扣門直入善言殿。梁武帝不要他叩拜，他便直接坐上西域進貢的寶榻。

梁武帝問他：「師事從誰？」大士答：「從無所從，師無所師，事無所事。」後來，大士經常往來於帝都及山間。有一次梁武帝自講三慧般若經，「公卿連席，貂紱滿座。特為大士別設一榻，四人侍接。」劉中亟問大士：「何以不臣天子，不友諸侯？」大士答：「敬中無敬性，不敬無不敬心。」梁武帝講畢，所有王公都請大眾誦經，唯有大士默然不語。人問其故，大士便說：「語默皆佛事。」昭明太子問：「何不論議？」大士答：「當知所說非長、非短、非廣、非狹、非有邊、非無邊，如如正理，夫復何言。」

有一次，梁武帝請大士講《金剛經》，纔陞座，以尺揮案一下，便下座。武帝愕然。誌公曰：陛下會麼？帝曰：不會。誌公曰：大士講經竟。有一日，大士朝見，披衲衣（僧衣），頂冠（道冠），靸履（儒履）。帝問：是僧耶？大士以手指冠。帝曰：是道耶？大士以手指靸履。帝曰：是俗耶？大士以手指衲衣。

新語云：傅大士和誌公，都是同時代的人物，但誌公比傅大士年長，而且聲望之隆，也在傅大士之先。達摩大師到中國的時期，也正在誌公與傅大士之間。達摩大師雖然傳授了禪宗的衣鉢給二祖神光，但當時他們之間的授受作略（教授方法與作風），仍然非常平實，的確是走定慧等持，「直指人心，見性成佛」的如來禪之路線。唯有誌公、傅大士等的中國禪，可稱為中國大乘禪的作略，才有透脫佛教的形式，濾過佛學的名相，瀟灑詼諧，信手拈來，都成妙諦，開啟唐、宋以後中國禪的禪趣——「機鋒」、「轉語」。尤其以傅大士的作略，影響更大。因為自東漢末期，佛教傳入中國以後，儒道兩家的固有思想，始終與佛學思想，保持有相當距離的抗拒。在東漢末期，牟融著作《牟子理惑論》，融會儒佛道三家為一貫。可是歷魏、晉、南北朝以後，雖然佛學已經普遍地深入人心，但這種情形，依然存在。

傅大士不現出家相，特立獨行維摩大士的路線，弘揚釋迦如來的教化。而且「現身說法」，以道冠僧服儒屨的表相，表示中國禪的法相，是以「儒行為基，道學為首，佛法為中心」的真正精神。他的這一舉動，配上他一生的行徑，等於是以身設教，親自寫出一篇「三教合一」的絕妙好文。大家於此應須特別著眼。

今時一般學人，研究中國禪宗思想和中國禪宗史者，學問見解，智不及此；對於禪宗的修證，又未下過切實工夫，但隨口阿附，認為中國的禪學，是受老莊思想的影響，豈但是隔靴搔癢，簡直是「兩個黃鸝鳴翠柳，一行白鷺上青天。」不知所云地愈飛愈遠了。

帝廷論義

大同五年（西元五三九年）春，傅大士再度到金陵帝都，與梁武帝論佛學的真諦。

大士曰：「帝豈有心而欲辯？大士豈有義而欲論耶？」

帝答曰：「有心與無心，俱入於實相，實相離言說，無辯亦無論。」

有一天，梁武帝問：「何為真諦？」大士答：「息而不滅。」實在是寓諷諫於佛法的主意，以誘導梁武帝的悟道，可惜梁武帝仍然不明究竟。

梁武帝問：「若息而不滅，此則有色故鈍。如此則未免流俗。」

答曰：「臨財毋苟得，臨難毋苟免。」

帝曰：「居士大識禮。」

大士曰：「一切諸法，不有不無。」

帝曰：「謹受旨矣。」

大士曰：「一切色相，莫不歸空，百川不過於大海，萬法不出於真如。如來於三界九十六道中，獨超其最，普視眾生，有若自身，有若赤子。天下非道不安，非理不樂。」

帝默然。大士退而作偈，翻覆說明「息而不滅」的道理。原偈如下：

若息而滅。見苦斷集。如趣涅槃。則有我所。亦無平等。不會大悲。既無大悲。猶有放逸。修學無住。不趣涅槃。若趣涅槃。障於悉達。為有相人。令趣涅槃。息而不滅。但息攀緣。不息本無。本無不生。今則不滅。不趣涅槃。不著世間。名大慈悲。乃無我所。亦無彼我。遍一切色。而無色性。名不放逸。何不放逸。一切眾生。有若赤子。有若自身。常欲利安。云何能安。無過去有。無現在有。無未來有。三世清淨。饒益一切。共同解脫。又觀一乘。入一切乘。觀一切乘。還入一乘。又觀修行。無量道品。普濟群生。而不取我。不縛不脫。盡於未來。乃名精進。

新語云：這與僧肇作《涅槃無名論》進秦王（姚興），是同一主旨與精義，但各有不同的表達。

撒手還源

大士屢次施捨財物，建立法會。及門弟子，也愈來愈多，而流行於南北朝時代佛法中的捨身火化以奉施佛恩的事情，在傅大士的門下，也屢見不鮮。到了大同十年（西元五四四年），大士以佛像及手書經文，悉數委託大眾，又以屋宇田地資生什物等，完全捐捨，營建精舍，設大法會，自己至於無立錐之地，又與他的夫人劉妙光各自創建草菴以居。他的夫人也「草衣木食，晝夜勤苦，僅得少足。」「俄有劫賊群至，以刀斵脇，大士初無懼色，徐謂之曰：若要財物，任意取去，何為怒耶？賊去，家空，宴如也。」

弟子問曰：「若復有人深障，大士還先知否？」

大士答曰：「補處菩薩，有所不知耶？我當坐道場時，此人是魔使，為我作障礙，我當用此為法門。汝等但看我遭惱亂，不生嗔恚。汝等云何小小被障而便欲分天隔地殊。我亦平等度之，無有差也。」

弟子又問：「師既如是，何故無六通？」

大士答曰：「聲聞、辟支，尚有六通，汝視我行業緣起若此，豈無六通，今我但示同凡耳。」

太清三年（西元五四九年）「梁運將終，災禍競興，大士鄉邑逢災，所有資財，散與飢貧，課勵徒侶，共拾野菜煮粥，人人割食，以濟閭里。」

天嘉二年（西元五六一年），他在定中感應到過去的七佛和他同在；釋迦在前，維摩在後。唯有釋迦屢次回頭對他說：「你要遞補我的位置。」

陳太建元年（西元五六九年）大士示疾，入於寂滅。世壽七十三歲。當時，嵩頭陀已先大士入滅，「大士心自知之，乃集諸弟子曰：嵩公已還兜率天宮待我，我同度眾生之人，去已盡矣！我決不久住於世。乃作〈還源詩〉十二章。」

傅大士〈還源詩〉：

還源去，生死涅槃齊。由心不平等，法性有高低。
還源去，說易運心難。般若無形相，教作若為觀。
還源去，欲求般若易。但息是非心，自然成大智。
還源去，觸處可幽棲。涅槃生死是，煩惱即菩提。
還源去，依見莫隨情。法性無增減，妄說有虧盈。
還源去，何須更遠尋。欲求真解脫，端正自觀心。
還源去，心性不思議。志小無為大，芥子納須彌。

還源去，解脫無邊際。和光與物同，如空不染世。
還源去，何須次第求。法性無前後，一念一時修。
還源去，心性不沉浮。安住王三昧，萬行悉圓收。
還源去，生死本紛綸。橫計虛為實，六情常自昏。
還源去，般若酒澄清。能治煩惱病，自飲勸眾生。

新語云：傅大士生於齊、梁之際，悟道以後，精進修持，及其壯盛之年，方顯知於梁武帝，備受敬重。而終梁、陳之間，數十年中，始終在世變頻仍，生靈塗炭，民生不安中度過他的一生。但他不但在東南半壁江山中，弘揚正法而建立教化，而且極盡所能，施行大乘菩薩道的願力，救災濟貧，不遺餘力。當時江左的偏安局面，有他一人的德行，作為平民大眾安度亂離的屏障，其功實有多者。至於見地超人，修行真實，雖遊心於佛學經論之內，而又超然於教外別傳之旨，如非再來人，豈能如此。

中國禪自齊、梁之間，有了誌公和傅大士的影響，因此而開啟唐、宋以後中國禪宗的知見。如傅大士者，實亦曠代一人。齊、梁之間禪宗的興起，受其影響最大，而形成唐、宋禪宗的作略，除了以達摩禪為主體之外，便是誌公的大乘禪，傅大士的維摩禪。也可以說，中國禪宗原始的宗風，實由於達摩、誌公、傅大士「三大士」的總滙而成。僧肇與竺道生的佛學義理思想，但為中國佛學思想超穎的造詣，與習禪的關係不大，學者不可不察也。後世修習禪宗者，如欲以居士身而作世出世間的千秋事業，應對於傅大士的維摩禪神而明之，留心效法，或可有望。如以有所得心，求無為之道，我實不知其可也。

附：有關傅大士傳記資料

太建元年，歲次己丑，夏四月丙申，朔，大士寢疾，告其子普建、普成二法師曰：我從第四天來，為度眾生。故汝等慎護三業，精勤六度，行懺悔法，免墮三塗。二師因問曰：脫不住世，眾或離散，佛殿不成，若何？大士曰：我去世後，可現相至二十四日。乙卯，大士入涅槃，時年七十三，肉色不變，至三日，舉身還煖，形相端潔，轉手柔軟。更七日，烏傷縣令陳鍾耆來求香火結緣，因取香火及四眾次第傳之，次及大士，大士猶反手受香。沙門法璿等曰：我等有幸，預蒙菩薩示還源相，手自傳香，表存非異，使後世知聖化餘芳。初，大士之未亡也，語弟子曰：我滅度後，莫移我臥牀，後七日，當有法猛上人將織成彌勒佛像來，長鎮我牀上，用標形相也。及至七日，果有法猛上人，將織成彌勒佛像，并一小銅鐘子，安大士牀上。猛時作禮流淚，須臾，忽然不見……。

太建四年（西元五七二年）九月十九日，弟子沙門法璿、菩提、智瓚等，為雙林寺啟陳宣帝，請立大士，并慧集法師、慧和闍梨等碑。於是，詔侍中尚書左僕射領大著作建昌縣開國侯東海徐陵為大士碑。尚書左僕射領國子祭酒豫州大中正汝南周弘正為慧和闍梨碑。（以上資料，皆取自唐進士樓穎撰述。徐陵碑文，取材略同，並無多大出入，均為可信。）

還珠留書記

浙江東道都團練觀察處置等使、正議大夫、使持節都督越州諸軍事、守越州刺史、兼御史大夫上柱國賜紫金魚袋元稹述：梁陳以上，號婺州義烏縣為東陽烏傷縣。縣民傅翕，字玄風，娶劉妙光為妻，生二子。年二十四，猶為漁。因異僧嵩謂曰：爾彌勒化身，何為漁？遂令自鑒於水，迺見圓光異狀；夫西人所謂為佛者，始自異。一旦，入松山，坐兩大樹下，自號為雙林樹下當來解脫善慧大士。久之，賣妻子以充僧施，遠近多歸之。梁大通中，移書武帝，召至都下；聞其多詭異，因勅諸城吏，翕至輒扃閇其門戶。翕先是持大椎以往，人不之測，至是撾一門，而諸門盡啟。帝異之。他日坐法榻上，帝至不起。翕不知書，而言語辯論，皆可奇。帝嘗賜大珠，能出水火於日月。陳太建初，卒於雙林寺，寺在翕所坐兩大樹之山下，故名焉。凡翕有神異變現，若佛書之所云，不可思議者，前進士樓穎為之實錄凡七卷。而侍中徐陵亦為文於碑。翕卒後，弟子菩提等，多請王公大臣為護法檀越。陳後主為王時，亦嘗益其請。而司空侯安都，以至有唐盧熙，凡一百七十五人，皆手字名姓，殷勤願言。寶曆中，余蒞越。婺，余所刺郡，因出教義烏，索其事實。雙林僧挈梁陳以來書詔，洎碑錄十三軸，與水火珠，扣門椎，織成佛，大水突，偕至焉。余因返其珠椎佛突，取其蕭陳二主書，洎侯安都等名氏，治背裝剪，異日將廣之於好古者，亦所以大翕遺事於天下也，與夫委棄殘爛於空山，盍不侔矣，固無讓於義取焉。而又償以束帛，且為書其事於寺石以相當之，取其復還之最重者為名，故曰還珠留書記。二年十月二十日。

（開成三年十二月，內供奉大德慧元、清涔，令弘深禪師及永慶送歸。）

禪宗三祖其人其事

有關中國禪宗史料的專書，和歷代禪師的語錄，乃至禪宗公案的彙書等，記述達摩大師「教外別傳」一系的傳承中，談到二祖神光傳授道統衣鉢給三祖僧璨大師的事，又是一段撲朔迷離的疑案。據唐代高僧道宣律師所撰的唐《高僧傳》，和禪宗彙書的《景德傳燈錄》《五燈會元》等相互對照，關於禪宗三祖僧璨的傳述，疑竇甚多。在宣師所著的唐《高僧傳》中，就根本沒有提到僧璨其人其事。雖然《景德傳燈錄》《五燈會元》等書，一再記載他和二祖神光之間的悟道因緣和付法授受的經過，但畢竟語焉不詳，猶如司馬遷作〈伯夷列傳〉所謂：「其文辭不少概見，何哉？」

後來到了唐代天寶年間，因河南尹李常問荷澤（神會）大師關於三祖歸宿的事，才由荷澤說出：「璨大師自羅浮（廣東）歸山谷，得月餘方示滅，今舒州見有三祖墓」云云。這種述說，又如司馬遷在〈伯夷列傳〉中所稱：

「太史公云：余登箕山，其上蓋有許由冢云。」同樣都是「於史無據，於事有之」的旁證。至於歷來傳述三祖的〈信心銘〉一篇，則又如司馬遷在〈伯夷列傳〉中所引用「採薇」之歌一樣，都是對某一人某一事唯一值得徵信的史料，可資存疑者的參考而已。

從禪宗四祖的傳記中追尋三祖的蹤跡

現在根據《傳燈錄》與唐《高僧傳》的記載，提出有關三祖僧璨與四祖道信之間的授受事蹟，再作研究的參考。如云：

「僧璨大師者，不知何許人也。初以白衣（未出家）謁二祖。既受度傳法，隱於舒州之皖公山。屬後周武帝破滅佛法，師往來太湖縣司空山，居無常處，積十餘載，時人無能知者。至隋開皇十二年壬子歲（西元五九二年），有沙彌道信，年始十四，來禮師曰：願和尚慈悲，乞與解脫法門。師曰：誰縛汝？曰：無人縛。師曰：何更求解脫？信於言下大悟。服勞九載，後於吉州受戒，侍奉尤謹。師屢試以玄微，知其緣熟，乃付衣法，偈曰：華種雖因地，從地種華生。若無人下種，華地盡無生。師又曰：昔可大師付吾法後，往鄴都行化三十年方終，今吾得汝，何滯此乎？即適羅浮山，優游二載，卻旋舊址。逾月，士民奔趨，大設檀供，師為四眾廣宣心要訖，於法會大樹下合掌立終。即隋煬帝大業二年（西元六〇六年）丙寅十月十五日也。」

唐《高僧傳》云：

「釋道信，姓司馬，未詳何（此處應有一許字，但原文脫略）人。初七歲時，經事一師，戒行不純。信每陳諫，以不見從，密懷齋檢，經五載而師不知。又有二僧，莫知何來，入舒州皖公山靜修禪業，聞而往赴，便蒙授法。隨逐依學，遂經十年。師往羅浮，不許相逐。但於後住，必大弘益。國訪賢良，許度出家，因此附名住吉州寺。」

根據以上所錄《傳燈錄》，以及唐《高僧傳》的記載，禪宗四祖道信大師與三祖僧璨大師之間的史料，可見僧璨大師確有其人其事。問題只在當時的僧璨大師，常以避世高蹈，隱姓埋名的姿態出現，猶如神龍見首而不見其尾，留給後人以無法捉摸的一段史料，而留下太多的疑竇。如果另從禪宗記載文辭的資料研究，並探索北齊和梁、陳、隋間南北朝歷史時代的環境，便可瞭解當時禪宗大師和佛教徒們的處境，以及他們所處時代背景的紊亂。而三祖僧璨大師的其人其事，也便可隱隱約約的呼之欲出了。

向居士與僧璨的形影

首先從禪宗資料中，記載二祖神光得法有關的人物來研究，除了禪宗傳統觀念所稱的三祖僧璨以外，其他從二祖神光得法的，共計有十七人，在此十七人中，又有旁出支派相傳五、六世者。至於直接從神光大師得法的，尤以僧那、向居士、慧滿三人為其上首。而僧那、慧滿兩位都是早已出家的人，資料確實，不必討論。唯向居士一人的悟道機緣與所保留的文辭記載，與僧璨大師的事蹟、文辭，極其相似，因此我常認為向居士便是悟道出家以前的僧璨，僧璨大師便是悟道出家以後的向居士。

很可能是向居士初慕二祖之名，僅僅寫了一封信向二祖問道，而此信的內容重點是從他對形與影、聲與響、迷與悟、名與理、得與失等見解，進而討論涅槃與煩惱的真諦。它與禪宗史料所記載僧璨大師初見二祖時，請問如何懺罪以去纏身風病的話，脈絡相關。同時，他的辭章文氣，正與後來三祖僧璨所著的〈信心銘〉完全一樣。並且在向居士的記載中，稱他本來就習慣於「幽棲林野，木食澗飲。」和僧璨大師悟道得法以後，又隱居於舒州皖公山，隱姓埋名的作風完全相同。而且向居士與二祖神光通書問道的時間，在北齊天保之初，三祖僧璨見二祖神光的時間，也正在北齊天保二年，時間又如此巧合！向居士因為和二祖通了一次信，得到了二祖的回信，便來親見二祖，這都是合情合理的事。唐《高僧傳》所述二祖神光傳記的內容，也與《傳燈錄》等所記的資料相同，足可參考以資研究。從這些跡象上看來，認為僧璨大師與向居士，本來就是一人，極為可能，只因禪宗的史料，經過歷史時代的變亂，和佛教的隆替而散失，便誤作兩人，也未可知。

關於向居士與神光大師的短簡名書

《傳燈錄》所載向居士的史料云：

「向居士，幽棲林野，木食澗飲。北齊天保初，聞二祖盛化，乃致書通好。書曰：影由形起，響逐聲來。弄影勞形，不識形為影本。揚聲止響，不知聲是響根。除煩惱而趣涅槃，喻去形而覓影。離眾生而求佛果，喻默聲而尋響。故知迷悟一途，愚智非別。無名作名，因其名則是非生矣。無理作理，因其理則爭論起矣。幻化非真，誰是誰非。虛妄無實，何空何有。將知得無所得，失無所失。未及造謁，聊申此意。伏望答之。」

二祖神光迴示云：

「備觀來意皆如實，真幽之理竟不殊。本迷摩尼謂瓦礫，豁然自覺是真珠。無明智慧等無異，當知萬法即皆如。愍此二見之徒輩，申辭措筆作斯書。觀身與佛不差別，何須更覓彼無餘。」

附記云：

「居士捧披祖偈，乃伸禮覲，密承印記。」

僧璨大師的時代和歷史

根據禪宗彙書和唐《高僧傳》記載，僧璨大師初見二祖的事略，都以北齊天保年間為準，其時正當梁簡文帝（武帝第三子）在位二年，為侯景所弒。值大寶二年，魏大統十七年，北齊天保二年之間。後四年，即梁元帝（武帝第七子，在文帝被弒後，即位於江陵）承聖三年，魏恭帝廓元年，北齊天保五年，梁元帝被西魏兵入所弒之後，梁亡。繼起而稱王稱帝者，又計有梁敬帝方智（紹泰元年）、魏（恭帝二年）、北齊（天保六年），後梁中宗宣帝蕭詧（天定元年），凡分為四國，天下紛紛，極盡紊亂。

當西魏兵入樊城時，梁主蕭繹還在津津有味的講《老子》於龍光殿，「百官戎服以聽」。魏軍圍攻江陵，梁主巡城，猶口占為詩，群臣亦有和者。同時他又好整以暇地裂帛為書，趣（促）王僧辯曰：「吾忍死待公，可以至矣。」到了天明，江陵城陷，梁主乃焚古今圖書十四萬卷，以寶劍擊柱折之，歎曰：「文武之道，今夜盡矣。」命御史中丞王孝嗣作降文。梁主遂白馬素衣出門而降。或問梁主何意焚書？梁主曰：「讀書萬卷，猶有今日，故焚之。」終被殺。

齊發民兵一百八十萬築長城，東自幽州夏口（北京），西至恒州（山西）九百餘里（齊天保六年間事）。

又：「齊主以佛道二教不同，欲去其一，集二家學者，論難於前。遂敕道士皆剃髮為沙門（僧）。有不從者，殺四人，乃奉命（齊天保六年間事）。明年（天保七年）發丁匠三十餘萬，修廣三臺宮殿。」

從此以後，到了陳太建六年，齊武平五年，周建德三年（亦即西元五七四年），北周武宗遂廢禁佛道二教，經像悉毀，沙門（僧）道士並還俗，諸淫祠，非祀典所載者，盡除之。「立通道觀，以壹聖賢（儒）之教」。

根據以上所錄南北朝有關本案的簡略史料，便可瞭解三祖僧璨所處時代背景的紊亂，干戈擾攘，民不聊生，到了北周武宗廢滅佛道二教，禁止出家為僧階段，他已過了中年，但以負荷禪宗衣鉢傳統之身，任重而道遠，必須明哲保身而隱姓埋名，以待來者。等到他傳付道統衣鉢給四祖道信以後，也正當隋朝的初期，天下漸見平定，他才放下重擔，過著優遊卒歲的暮年晚景了。

信心銘的價值

關於禪宗三祖僧璨大師其人其事的史傳疑案，已概如上述。達摩禪自梁武帝時期開始，在中國初期祕密傳授，到了陳、隋之際，正當僧璨大師時期，已有一百二十多年的歷史。但自僧璨著作了一篇〈信心銘〉以後，它與中國禪祖師誌公大士所作的〈大乘讚〉等詞章，以及中國維摩禪祖師傅翕大士所作的〈心王銘〉等滙流，才開始奠定隋、唐以後中國禪宗「直指人心，見性成佛」的正信資料。特別是〈信心銘〉的開場，首先肯定的提出「至道無難，唯嫌揀擇」的警語，明指世人不能自肯自信其「心」的疑病。至於其中引用辨別佛學理念之處，不一而足。最後他又歸結為「信心不二，不二信心。言語道斷，非去來今」為結論。禪宗自此開始，才完全呈顯出中國文化的光芒與精神，學者不可不察也。

附錄〈信心銘〉與〈心王銘〉，以資參考。

信心銘（僧璨作）

至道無難，唯嫌揀擇。但莫憎愛，洞然明白。毫釐有差，天地懸隔。欲得現前，莫存順逆。違順相爭，是為心病。不識玄旨，徒勞念靜。圓同太虛，無欠無餘。良由取捨，所以不如。莫逐有緣，勿住空忍。一種平懷，泯然自盡。止動歸止，止更彌動。唯滯兩邊，寧知一種。一種不通，兩處失功。遺有沒有，從空背空。多言多慮，轉不相應。絕言絕慮，無處不通。歸根得旨，隨照失宗。須臾返照，勝卻前空。前空轉變，皆由妄見。不用求真，唯須息見。二見不住，慎莫追尋。才有是非，紛然失心。二由一有，一亦莫守。一心不生，萬法無咎。無咎無法，不生不心。能隨境滅，境逐能沉。境由能境，能由境能。欲知兩段，元是一空。一空同兩，齊含萬象。不見精粗，寧有偏黨。大道體寬，無易無難。小見狐疑，轉急轉遲。執之失度，必入邪路。放之自然，體無去住。任性合道，逍遙絕惱。繫念乖真，昏沉不好。不好勞神，何用疎親。欲取一乘，勿惡六塵。六塵不惡，還同正覺。智者無為，愚人自縛。法無異法，妄自愛著。將心用心，豈非大錯。迷生寂亂，悟無好惡。一切二邊，良由斟酌。夢幻虛華，何勞把捉。得失是非，一時放卻。眼若不寐，諸夢自除。心若不異，萬法一如。一如體玄，兀爾忘緣。萬法齊觀，歸復自然。泯其所以，不可方比。止動無動，動止無止。兩既不成，一何有爾。究竟窮極，不存軌則。契心平等，所作俱息。狐疑盡淨，正信調直。一切不留，無可記憶。虛明自照，不勞心力。非思量處，識情難測。真如法界，無他無自。要急相應，唯言不二。不二皆同，無不包容。十方智者，皆入此宗。宗非促延，一念萬年。無在不在，十方目前。極小同大，忘絕境界。極大同小，不見邊表。有即是無，無即是有。若不如此，必不須守。一即一切，一切即一。但能如是，何慮不畢。信心不二，不二信心。言語道斷，非去來今。

心王銘（傅翕作）

觀心空王，玄妙難測。無形無相，有大神力。能滅千災，成就萬德。體性雖空，能施法則。觀之無形，呼之有聲。為大法將，心戒傳經。水中鹽味，色裡膠清。決定是有，不見其形。心王亦爾，身內居停。面門出入，應物隨情。自在無礙，所作皆成。了本識心，識心見佛。是心是佛，是佛是心。念念佛心，佛心念佛。欲得早成，戒心自律。淨律淨心，心即是佛。除此心王，更無別佛。欲求成佛，莫染一物。心性雖空，貪瞋體實。入此法門，端坐成佛。到彼岸已，得波羅蜜。慕道真士，自觀自心。知佛在內，不向外尋。即心即佛，即佛即心。心明識佛，曉了識心。離心非佛，離佛非心。非佛莫測，無所堪任。執空滯寂，於此漂沉。諸佛菩薩，非此安心。明心大士，悟此玄音。身心性妙，用無更改。是故智者，放心自在。莫言心王，空無體性。能使色身，作邪作正。非有非無，隱顯不定。心性離空，能凡能聖。是故相勸，好自防慎。剎那造作，還復漂沉。清淨心智，如世黃金。般若法藏，並在身心。無為法寶，非淺非深。諸佛菩薩，了此本心。有緣遇者，非去來今。

達摩禪與二祖、三祖的疑案

禪宗起源在印度，發揚在中國，因此常稱中國是禪宗的宗祖國。但要講到禪宗初期的發展史，疑案重重，真使人有迷離惝恍的感覺。屬於禪宗創建史的疑案，便是釋迦在靈山會上拈花示眾，大家不得要領，只有他的大弟子摩訶迦葉尊者破顏微笑，因此而有「教外別傳」的心法開始之第一疑案，向來便為宗門以外的學者所懷疑。其次，關於達摩大師東來的生卒年代，以及他的存歿去留等問題，也是一般學者所諍辯的疑案。再其次，便是二祖傳法於三祖之間的公案，其中缺乏史料的證據。到了初唐之際，便有六祖慧能與神秀禪師南北兩宗的爭執問題，以及現代一般學者對於《六祖壇經》與神會（荷澤）之間的節外生枝的疑案等等，足夠一般學者去遊心妄想，搜羅考證。

其實，禪宗的本身，它與密宗有同源異脈的關係，如果禪宗的教授法，不走公開傳法的路線，幾乎也會成為另一密宗的派系。倘使我們對密宗的傳承史料，也想一一加以一般學術性的考據，那就保證你窮盡畢生精力，也難找出它的確實結果。這個根本問題，倒不是他們不肯注重史料的關係，實在是他們的修養和見解，只重傳道精神的信仰，早已薄視世俗的留芳與揚名的觀念，因此而忽略這些史料的記載。禪宗在隋、唐以後，已經溶入中國文化深厚的氣息，對於歷史和傳統的觀念，也和其他佛學的各宗派一樣，注重「史蹟」的記載，所以才形成唐、宋以後中國禪宗的風格。初唐以後中國的密宗（包括西藏的密宗），也才開始注重師授傳承的歷史資料。不過，密宗傳承的資料，始終還是保持祕密的作風，不公開。

二祖慧可與三祖僧璨

禪宗自達摩大師到三祖僧璨之間，正值南北朝的齊、梁變亂，以及北周武宗的滅佛滅僧之風暴中。他們不但先有避世高蹈的志向蘊存心中，同時又加上南北朝時代世風的紊亂，士風的頽喪，於是更加強他們「邦無道，危行言遜」的情操，因此「入山唯恐不深」，「逃名唯恐不徹」。雖然如此，如果從學術發展史的立場而言，在禪宗有關的史料中，對於二祖三祖之間傳承事蹟的記載，實在有很多矛盾與疏忽之處，確也是耐人尋味的。

自達摩大師將心法與衣鉢傳授二祖神光（慧可）以後，神光的事蹟以及二祖傳授三祖僧璨之間的史實，根據禪宗初期的彙書《景德傳燈錄》與《五燈會元》等的記載，與唐代高僧道宣所著《高僧傳》的資料，其中出入之處，就大有問題。

《傳燈錄》記載二祖神光（慧可）的事蹟云：

「大師繼闡玄風，博求法嗣。至北齊天保二年（梁簡文帝大寶二年，西元五五一年），有一居士，年踰四十，不言名氏，聿來設禮而問師曰：弟子身纏風恙，請和尚懺罪。師曰：將罪來與汝懺。居士良久云：覓罪不可得。師曰：我與汝懺罪竟。宜依佛法僧住。曰：今見和尚，已知是僧，未審何名佛法？師曰：是心是佛，是心是法。法佛無二，僧寶亦然。曰：今日始知罪性不在內，不在外，不在中間，如其心然，佛法無二也。大師深器之，即為剃髮，云：是吾寶也，宜名僧璨。其年三月十八日於光福寺受具。自茲疾漸愈，執侍經二載，大師乃告曰：菩提達摩，遠自竺乾以正法眼藏密付於吾，吾今授汝並達摩信衣，汝當守護，無令斷絕。聽吾偈曰：『本來緣有地，因地種華生，本來無有種，華亦不曾生。』大師付衣法已，又曰：汝受吾教，宜處深山，未可行化，當有國難。璨曰：師既預知，願垂示誨。師曰：非吾知也，斯乃達摩傳般若多羅《懸記》云：『心中雖吉外頭凶』是也。吾校年代，正在於茲，當諦思前言，勿罹世難。然吾亦有宿累，今要酬之，善去善行，俟時傳付。」

新語云：我們讀了上述的公案以後，便知三祖僧璨初向二祖神光求法的時候，也正同二祖向達摩大師求乞「安心」法門的故事一樣，好像是同一模子的翻版。只是神光所求的目的，在於如何的「安心」；僧璨所求的目的，卻是如何的懺罪，才能去掉纏身的風恙。一個是求「安心」，一個是求「安身」。但是當神光向達摩大師求乞「安心」的法門時，達摩卻對他說：「將心來為汝安。」神光答說：「覓心了不可得。」達摩便說：「我與汝安心竟。」現在到了僧璨向神光求乞安身的法門時，神光也說：「將罪來與汝懺。」僧璨答說：「覓罪不可得。」神光便說：「我與汝懺罪竟，宜依佛法僧住。」豈非是依樣畫葫蘆，簡直像是純出臆造似的。

其實，此中大有文章，不可輕易放過。第一、心身是二是一？這是第一個問題。第二、「身纏風恙」，是身之病，根據佛學道理，病由業生，業由心造。再進一步來說，此身也由業識而來，而業識則由一心所造，如果真能轉心去業，則亦當可廻心轉身了。這是第二個問題。關於以上所提出的兩個問題，不想為大家畫蛇添足的下註解，暫時留待諸位自己去尋答案，較為切實。

二祖晚年的混俗問題

現在我們再回轉來研究禪宗的二祖神光（慧可），在悟道傳法以後，他又如何的自去懺罪消業呢？

《傳燈錄》記載云：

「大師付囑已，即於鄴都隨宜說法，一音演暢，四眾歸依，如是積三十四載，遂韜光混跡，變易儀相，或入諸酒肆，或過於屠門，或習街談，或隨廝役。人問之曰：師是道人，何故如是？師曰：我自調心，何關汝事。又於筦城縣匡救寺三門下談無上道，聽者林會。時有辯和法師者，於寺中講《涅槃經》，學徒聞師闡法，稍稍引去。辯和不勝其憤，興謗於邑宰翟仲侃，仲侃惑其邪說，加師以非法。師怡然委順。識真者謂之償債。時年一百七歲。即隋文帝開皇十三年癸丑歲三月十六日也。後葬於磁州滏陽縣東北七十里，唐德宗諡大祖禪師。」

新語云：根據以上的記載，我們從世俗的觀念來說，二祖神光，由四十歲左右得法開悟以後，又在鄴都（河南臨漳縣西）弘揚禪道達三十四年，應該已經到了七十多歲的高齡。而且「四眾歸依」，也可以說正是年高德劭了。何以在這樣的年齡，這樣的環境中，他又忽然「變易儀相」而還俗，有時候進酒店，有時候在屠門，還常到鬧市街上，與一般下層社會的人去瞎混呢？難道他是動了凡心，真個要還俗了嗎？可是有人問他：「師是道人，何故如此？」他又說：「我自調心，何關汝事？」那麼，他在三十多年前，在達摩大師處所得的「安心」法門，仍然是靠不住了！經過了三十多年，此心仍不能安嗎？不能安心，必須要到鬧市、酒店、屠門，才能「安心」嗎？由此，使人懷疑：禪宗真的是「言下頓悟」，「一悟便休」嗎？悟後就不要起修嗎？而修又修個什麼呢？凡此種種，都是一個個很大的問題，實在值得探尋，不可隨便忽略過去。

其次，二祖由三十多歲捨俗出家開始，到了七十多歲又去混俗和光，一混便混到了莞城（莞即管，管城今之河南鄭縣）。混混便混混，為什麼到了一百多歲的人，還童心未泯，又在匡救寺的三門外講什麼「無上道」，硬要擋了當時在寺中講經的辯和法師的財路呢？這又所為何來？難道說真的活得不耐煩，非要自尋死路不可嗎？結果由此得罪了講經的法師，因而被害。而記載上卻輕輕鬆鬆的說：「怡然委順，識真者謂之償債」。那麼，不識真而識假的，又叫他是什麼呢？我想，一定都會叫他是「活該」，對嗎？

我們研究二祖的一生，由少年階段的「志氣不群，博涉詩書，尤精玄理」開始，一直看到他在青年階段的出家，中年階段的得法悟道，晚年階段的還俗混混，老年階段的受罪被害，真是一個充滿個性的悲喜鬧劇。他的一生，還的是什麼債？玩的是什麼把戲？處處充滿了問題，處處值得參究。有人說：「劍樹刀山為寶座，龍潭虎穴作禪床。道人活計原如此，劫火燒來也不忙。」恐怕這種情形，還不是他的境界。對嗎？

有關二祖傳記的疑案

道宣法師所著的唐《高僧傳》，關於二祖事蹟的記載，便與《傳燈錄》大有出入。道宣法師的《高僧傳》，太過重視文藻，完全如南北朝末期的文體，幾乎有言不及義之嫌，有失史傳的覈實和精要之處，實是一大遺憾。不過宣師距離梁、隋之際不遠，所傳所聞的不同，也正有補二祖神光的資料之不足。如其傳中有云：

「時有道恆禪師，先有定學，匡宗鄴下，徒侶千計。承可說法，情事無寄，謂是魔話。乃遣眾中通明者，來殄可門。既至，聞法泰然心服，悲感盈懷，無心返告。恆又重喚，亦不聞命。相從多使，皆無返者。他日遇恆，恆曰：我用爾許功夫，開汝眼目，何因致此諸使。答曰：眼本自正，因師故邪耳！恆遂深恨，謗惱於可。貨財俗府，非理屠害。初無一恨，幾其至死。恆眾慶快，遂使了本者絕學浮華，謗黷者操刀自擬。始悟一音所演，欣怖交懷。海迹虢澄，淺深斯在。可乃從容順俗，時惠清猷，乍託吟謠，或因情事，澄伏悃抱，寫剖煩蕪。故正道遠而難希，封滯近而易結，斯有由矣。遂流離鄴衞，亟展寒温。道竟幽而且玄，故末緒卒無榮嗣。」

又云：

「時有林法師，在鄴盛講《勝鬘》，並制文義。每講人聚，乃選通三部經者，得七百人，預在其席。及周滅法，與可同學，共護經像。初，達摩禪師以四卷《楞伽》授可曰：我觀漢地，惟有此經，仁者依行，自得度世。可專附玄理，如前所陳。遭賊斫臂，以法御心，不覺痛苦，火燒斫處，血斷帛裹，乞食如故，曾不告人。後林又被賊斫其臂，叫號通夕，可為治裹，乞食供林。林怪可手不便，怒之。可曰：餅食在前，何不可裹。林曰：我無臂也，可不知耶？可曰：我亦無臂，復何可怒。因相委問，方知有功。世云無臂林矣。每可說法竟曰：此經四世之後，變成名相，一何可悲。」

新語云：根據道宣法師所著《高僧傳》的記載，二祖的遭怨獲罪，除了辯和法師的誣告，致其死命以外，還有一位道恒法師，也同樣的為了妒嫉而害過他。究竟道恒、辯和，是否同為一人，或另有一事，都很難考證了。總之，二祖在當時遭嫉而致死的際遇，尤有過於達摩大師的慘痛。千古學術意見之爭，尤甚於干戈戰伐之毒。人，究竟是為了甚麼呢？

此外宣師所記二祖與林法師的一段，好像說：二祖後來在亂世的變局中，又遭賊斫過膀子。那麼，他除了在求法時，斫了一條膀子以外，後來再斫一次，豈不成為「兩膀都無」的大師了嗎？如果真正如此，而猶仍為弘揚禪道，盡其一生而孜孜不倦，這與「殺身成仁」的精神相較，又別有千秋，令人頂禮膜拜不已了。但很可惜，宣師的記載，語焉不詳，又是一大憾事。也許二祖在當時的變亂中，又被賊斫傷了他的另一條臂，並未再被斫斷。因此道宣法師的傳述中，便寫成「火燒斫處，血斷帛裹，乞食如故」。這些地方，實在是舞文弄墨的短處，華辭害意，徒喚奈何！

中國佛教原始的禪與禪宗四祖的風格

自南北朝至隋唐間的禪道發展與影響

由達摩一系傳承的禪宗，雖然密相付授而到三祖僧璨及四祖道信，經歷梁、隋而到李唐開國之初，先後相承，大約已有一百五十餘年之久。但是在此時期，除了達摩禪一系的單傳衣鉢之外，其初由漢末安世高、三國康僧會、西晉法護，與東晉佛圖澄、姚秦時期鳩摩羅什等所傳的禪定止觀修法，普及當時三百年來的整個佛教界與朝野之間，極為流行。因修習禪定止觀的實驗方法而得證佛法果位的人，也遠較達摩一系的為多。至於有關禪佛的最高見地和成就，其間的優劣得失，應當另屬專題，今且略而不論。但無論宗教、學術思想，以及人類歷史的演變，推其前因後果，必有互相更迭的演變作用。以此而例初唐時代興起的禪宗，從四祖以後的隆盛情況，窮源溯本，仍由於種因於前代風尚的趨勢而來。現在為要敘述四祖以後禪宗的發展與演變，必須要追溯隋、唐以前禪道發展的情形，以資瞭解。

漢末有關習禪的初期發展史料

安息國沙門，安清，字世高。本世子，當嗣位。讓之叔父，舍國出家。既至洛陽，譯經二十九部，一百七十六卷。絕筆於靈帝建寧三年（公元一七〇年）。月支國沙門支讖，亦於同時至洛陽，開始譯經。由是百姓嚮化，事佛彌盛。

至於與禪定有密切關係「般舟三昧」的苦行修法，早在東漢靈帝光和年間譯出：「（癸丑）是年，天竺沙門竺佛朔至洛陽，譯《道行般若經》。棄文存質，深得經意。至光和中，同支讖譯《般舟三昧經》共二卷。」

到東晉安帝義熙二年，丙午（公元四〇六年），天竺尊者佛駄跋陀至長安傳譯有關禪定的修證方法。從此禪修的法門，更加通盛。佛駄跋陀初來中國的時候，鳩摩羅什備極歡迎。當時跋陀與羅什，曾經有過一段極風趣的接談。如云：

「佛駄跋陀至長安，什公倒屣迎之，以相得遲暮為恨，議論多發藥，跋陀曰：公所譯未出人意，乃有高名，何耶？什曰：吾以年運已往，為學者妄相粉飾，公雷同以為高，可乎？從容決未了之義，彌增誠敬。」（以上均見於《佛祖歷代通載》）

又如梁釋慧皎著《高僧傳》有關習禪者的論評說：

「禪也者，妙萬物而為言。故能無法不緣，無境不察。然後緣法察境，唯寂乃明。其猶淵池息浪，則徹見魚石。心水既澄，則凝照無隱。《老子》

云：『重為輕根，靜為躁君。』故輕必以重為本，躁必以靜為基。《大智度論》云：『譬如服藥將身，權息家務。氣力平健，則還修家業。如是以禪定力，服智慧藥。得其力已，還化眾生。』是以四等六通，由禪而起。八除十入，藉定方成。故知禪之為用大矣哉！」

這是從專精佛教學理的立場，評論禪定在佛法修證上的價值與重要性。但不是專指唐代以後的禪宗而言。又云：

「自遺教東移，禪道亦授。先是世高、法護，譯出禪經。僧光、曇猷等並依教修心，終成勝業。故能內踰喜樂，外折妖祥，擯鬼魅於重巖，覩神僧於絕石。及沙門智嚴，躬履西域，請罽賓禪師佛馱跋陀，更傳業東土。玄高、玄紹等，亦並親受儀則。出入盡於數隨，往返窮乎還淨。……然禪用為顯，屬在神通。故使三千宅乎毛孔，四海結為凝酥，過石壁而無壅，擎大眾而弗遺。」

這是說明由東漢時安世高、西晉法護翻譯禪經，以及晉代佛馱跋陀的再傳禪定的修法以來，因修禪定而證得神異等的奇蹟，遂使佛教在中國的傳播事業，影響大增。

東晉以後有關習禪的史料與論評

在東晉的時期，除了佛馱跋陀的傳譯禪定修法與譯出六十卷《華嚴經》以外，鳩摩羅什也同時傳授禪法。唐代高僧道宣律師著《高僧傳》，他對於有關習禪者的論評說：

「自釋教道東，心學唯尠。逮於晉世，方聞睿公（僧睿）……時譯大論（《大智度論》），有涉禪門。因以情求，廣其行務。童壽（鳩摩羅什）弘其博施，乃為出《禪法要解》等經。

自斯厥後，祖習逾繁。曇影、道融，厲精於淮北。智嚴、慧觀，勤心於江東。山栖結眾，則慧遠標宗（淨土宗）。獨往孤征，則僧群顯異。」

這是概論東晉以後的風氣所扇，習禪者愈來愈多的情形。從此以後，歷經宋、齊、梁、陳，佛教的宏開和修習禪定的風尚，更加普及，上至帝王大臣，均偃然從風。至於北魏情形，《魏書・釋老志》及司馬溫公所論甚詳，不及備錄。

其次有關北齊、北周修禪風氣的情形，如論評說：

「高齊河北，獨盛僧稠。周氏關中，尊登僧實。寶重之冠，方駕澄安。神道所通，制伏強禦。致令宣帝擔負，傾府藏於雲門。冢宰降階，展歸心於福寺。誠有圖矣。」

有關梁朝禪修的發展，以及達摩大師東來傳授禪宗心法以後的情形，論評說：

「逮於梁祖，廣闢定門，搜揚寓內。有心學者，總集揚都。校量深淺，自為部類。又於鍾陽上下，雙建定林（寺名），使夫息心之侶，栖閑綜業。」

「屬有菩提達摩者，神化居宗，闡導河洛。大乘壁觀，功業最高。在世學流，歸仰如市。」

有關陳朝和修習天臺宗禪定（止觀）的情形，論評說：

「有陳智璀，師仰慧思。思實深解玄微，行德難測。璀亦頗懷親定，聲聞於天。致使陳氏帝宗，咸承歸戒。圖像營供，逸聽南都。然而得在開弘，失在對治。宗仰之最，世莫有加。會謁衡岳，方陳過隙。未及斷除，遂終身世。」

有關隋朝的習禪及其流弊的論評說：

「隋祖創業，偏宗定門。下詔述之，具廣如傳。京邑西南，置禪定寺。四海徵引，百司供給。來儀名德，咸悉暮年。有終世者，無非坐化。具以聞奏，帝倍歸依。二世纘曆，又同置寺。初雖詔募，終雜講徒，故無取矣。」

有關天臺宗禪定（止觀）情形的論評說：

「當朝智顗，亦時禪望。鋒辯所指，靡不倒戈。師匠天廷，榮冠朝列，不可輕矣。」

禪宗四祖道信的篤實禪風

由以上簡錄記載傳述的史料，便可瞭解自漢末、魏、晉、南北朝以來習禪風氣的普及情形。同時亦由此可知齊、梁之間誌公（寶誌禪師）與傅大士（傅翕）的發明禪悟，與達摩禪的一系，並無密切的關係。

總之，自漢末、魏、晉到梁、隋之間的佛法修證，完全側重於修習禪定的行門，並非即如達摩禪「直指人心，見性成佛」的「教外別傳」法門。所以由二祖神光、三祖僧璨，直到四祖道信時期，由達摩大師傳承佛法心宗的一脈，才逐漸演變為中國禪宗的風格。到了五祖弘忍與六祖慧能、神秀手裡，才又別開生面成為中國禪宗的特殊面目與精神。

但四祖道信大師的禪風，非常篤實。除了見地方面，純以達摩禪的一脈為宗旨。至於修證方面，躬親實踐，仍然注重修習禪定。一如魏、晉、南北朝以來的精神，極其莊嚴正確。如《傳燈錄》與其他有關資料的記載，四祖六十年來習於長坐不臥而修禪定，這便是他「現身說法」的示相，也才是真正承接達摩大師「壁觀」的榜樣，如《傳燈錄》所載云：

「道信大師者，姓司馬氏。世居河內，後徙於蘄州之廣濟縣。師生而超異，幼慕空宗諸解脫門，宛如宿習。既嗣祖風，攝心無寐，脇不至席者，僅六十年。」

新語云：讀了這段史傳的記載，我們應當反省近代與現代人的談禪學道。一天禪定的工夫也不學習，僅從口頭禪上拾人牙慧，會之於妄心意識，便恣逞快口利嘴以欺人，也自稱為禪宗悟道之徒，殊可悲愍。雖然，事起弊生，無論世出世間諸事，莫不如此。故唐代道宣律師論述當時習禪者的情形，也便早已發現有如現在的現象。人事代謝，風月依然。借古鑑今，抑乎可嘆。如云：

「頃世定士，多削義門。隨聞道聽，即而依學。未曾思擇，扈背了經。每緣極旨，多虧聲望。吐言來誚，往往繁焉。（闢駁不通佛經教義而妄修禪定者）

或復耽著世定，謂習真空，誦念西方，志圖滅惑。肩頸掛珠，亂搯而稱禪數。衲衣乞食，綜計以為心道。（闢駁妄心念佛與從事攀緣自以為即是禪修者）

又有倚託堂殿，遶旋竭誠。邪仰安形，苟在曲計，執以為是，餘學並非。（闢駁盲目信仰求佛修福以為禪修者）

冰想鏗然，我倒誰識。斯並戒見二取，正使現行。封附不除，用增愚魯。（總闢妄見）

向若才割世網，始預法門。博聽論經，明閑慧戒。然後歸神攝慮，憑準聖言。動則隨戒策修，靜則不忘前智。固當人法兩鏡，真俗四依。達智未知，寧存妄識。如斯習定，非智不禪。則衡嶺臺崖，扇其風也。（讚揚南岳天臺的禪定修法）

復有相逑同好，聚結山門。持犯蒙然，動掛形網。運斤揮刃，無避種生。炊爨飲噉，寧慚宿觸。（闢駁經營生計不守戒律而如俗人者）

或有立性剛猛，志尚下流。善友莫尋，正經罕讀。瞥聞一句，即謂司南。昌言五住久傾，十地將滿。法性早見，佛智已明。此並約境住心，妄言澄淨。還緣心住，附相轉心。不覺心移，故懷虛託。生心念淨，豈得會真。故經陳心相，飄鼓不停。蛇舌燈燄，住山流水。念念生滅，變變常新。不識亂念，翻懷見網。相命禪宗，未閑禪字。如斯般輩，其量甚多。致使講徒例輕此類。故世諺曰：無知之叟，義指禪師。亂識之夫，共歸明德。返迷皆有

大照，隨妄普翳真科。不思此言，互談名實。（雙邊闢駁狂禪之流與枉事佛學義理的研究者）

考夫定慧之務，諒在觀門。諸論所陳，良為明證。通斯致也，則離亂定學之功，見惑慧明之業，若雙輪之迷涉，等真俗之同遊。所以思遠振於清風，稠實標於華望。貽厥後寄，其源可尋。斯並古人之所同錄，豈虛也哉！」（總論禪修的重要）

輕生死重去就的道信大師之風格

禪宗四祖道信大師，即以「攝心無寐，脇不至席者六十年」的篤實禪修，為行持的宗風。到了隋大業十三年（公元六一七年），為了躲避世亂，便率領他的徒眾來到吉州（江西），恰好又碰到群盜圍城的事，他就稍微顯露一點神奇的事蹟。到了唐武德七年「甲申歲」（公元六二四年），他又回到蘄春，住在破頭山，跟他習禪的人也就愈來愈多了。綜覽《傳燈錄》《五燈會元》《指月錄》唐《高僧傳》等資料，都有同樣的記載如次云：

「隋大業十三載，領徒眾抵吉州。值群盜圍城，七旬不解，萬眾惶怖。祖愍之，教念摩訶般若。時賊眾望雉堞間，若有神兵，乃相謂曰：城內必有異人。稍稍引去。唐武德甲申歲，師卻返蘄春，住破頭山，學侶雲臻。」

新語云：由以上的記載，便可發現自四祖道信大師開始，已經逐漸變更達摩初傳禪宗於二祖神光時，以《楞伽經》印心的傳統了。四祖教人念摩訶般若（《大般若經》是佛法中闡言體性空的要典），從此，自五祖弘忍付授六祖慧能以來，便改用《金剛般若波羅密經》以印心，因此而開啟初唐以後中國禪宗的特色。除此以外，四祖道信大師，又為後世學者留下不慕虛榮，輕生死，重去就的清風亮節，作為世出世間的典範。唐、宋以後許多儒家的「高士」、「處士」，和道家的神仙們，亦多有相同的志趣。這是中國文化另一面的精神，也是中華民族的血統中特別強烈的一種特殊精神，應當尊重注意，然後才能談——中國文化的氣節。如記云：

「貞觀癸卯歲（公元六四三年）太宗嚮師道味，欲瞻風采。詔赴京，祖上表遜謝，前後三返。第四度命使曰：如果不起，取首來。使至山諭旨，祖乃引頸就刃，神色儼然。使回，以狀聞，帝彌欽重。

高宗永徽二年辛亥歲（公元六五一年）閏九月四日，忽垂誡門人曰：一切諸法，悉皆解脫。汝等各自護念，流化未來。言訖，安坐而逝。壽七十四歲，塔於本山。明年四月八日，塔戶自開，儀相如生，爾後門人遂不敢復閉焉。」

五祖弘忍大師

達摩禪的一系，自梁、隋而至初唐之際，經一百五十餘年，都以祕密授受的方式，遞相傳法。到了四祖道信與五祖弘忍手裡，才逐漸公開闡揚，嶄露頭角。上文曾經講到三祖僧璨大師其人其事的疑案，已足為反對禪宗或持懷疑論者所藉口，故宋《高僧傳》《景德傳燈錄》，及《佛祖歷代通載》等的記述，有關五祖弘忍大師的來歷與悟緣，都語焉不詳，有意避開其他記載中關於五祖生前身後的傳說，免滋後世學者的疑竇。

事實上，無論佛教的宗旨和佛學的原理，乃至禪宗求證的目的，它的整個體系最基本和最高的要求，都建立在解脫「三世因果」和「六道輪廻」的基礎上。唐、宋以後的禪宗宗徒們，大部分都直接以「了生死」為著眼點，便是針對解脫「三世因果」而發。莊子所謂：「死生亦大矣」的問題，也正是古今中外所有宗教、哲學、科學等探討生命問題的重點所在。何況佛法中的禪宗，尤其重視此事，大可不必「曲學阿世」，諱莫如深略而不談。《五燈會元》與《指月錄》等的禪宗彙書，卻赫然具錄此事的資料，以補《高僧傳》和《景德傳燈錄》的失漏之處，頗堪提供重視真參實悟的參禪者玩索深思。

破頭山上的栽松老道

當四祖道信在湖北蘄州黃梅破頭山建立禪宗門庭時，一位多年在山上種植松樹的老道人，有一天來對四祖說：「禪宗的道法，可以說給我聽嗎？」道信大師說：「你太老了，即使聽了悟了道，也只能自了而已，哪裡能夠擔當大事以弘揚教化呢？如果你能夠轉身再來，我還可以等你。」老道人聽四祖這樣說，便揚長自去了。

他獨自走到江邊，看見一個正在洗衣服的少女，便向她作個揖說：「我能夠在你這裡暫時寄住嗎？」那個女子說：「我有父兄在家，不能自己妄作主張。你可以到我家去求他們收留你。」老道人便說：「只要你答應了，我便敢到你家裡去。」那個女子點點頭，同意他去求宿。於是老道人就拄著拐杖走了。

這位在江邊洗衣服的女子，是當地周家的幼女。從此以後，就無緣無故的懷孕了。因此，她的父母非常厭惡她，便把她趕出門去，流落在外。她訴冤無門，有苦難言，每天為別人做紡織，傭工度日，夜裡便隨便睡在驛館的廊簷下。到了時間，生了一個男孩。她認為無夫而孕，極其不祥，就把他拋在濁水港裡。到了第二天，這個男嬰又隨流上行，面色體膚更加鮮明可愛。她非常驚奇地又抱他回來，把他撫養長大。到了幼童的時期，便跟著母親到處去乞食為生。地方上的人，都叫他「無姓兒」。後來碰到一位有道的人說：「可惜這個孩子缺少了七種相，所以不及釋迦牟尼。」

到了唐高祖武德七年（西元六二四年）以後，道信大師從江西吉州回到蘄春，定居在破頭山。有一天，大師到黃梅縣去，路上碰到了他。大師看他的「骨相奇秀，異乎常童。」便問他說：「你姓什麼？」他回說：「姓即有，不是常姓。」大師說：「是何姓？」他說：「是佛性。」大師說：「你沒有姓嗎？」他說：「性空故無。」大師心中默然，已經知道便是前約的再來人，確是一個足以傳法的根器。便和侍從的人們找到他的家裡，乞化出家。他「母以宿緣故，殊無難色。遂捨為弟子。」道信大師便為他取名叫弘忍。

這一段五祖出身來歷的公案，綜合《景德傳燈錄》《五燈會元》《指月錄》等的資料，備如上述。原文可查上列各書中有關四祖道信與五祖弘忍的兩段記載，不再重錄。

但宋《高僧傳》和其他的記載，便略去這些奇異事蹟而不談。宋《高僧傳》云：

「釋弘忍，姓周氏，家寓淮左潯陽，一云黃梅人也。王父暨考，皆不干名利，賁於丘園。其母始娠，移月而光照庭室，終夕若晝。其生也灼爍如初，異香襲人，舉家欣駭。迨能言辭，氣與鄰兒弗類。既成童丱，絕其遊弄，厥父偏愛，因令誦書。無記應阻其宿熏，真心早萌其成現。一旦，出門徙倚閒，如有所待。時東山信禪師邂逅至焉，問之曰：『何姓名乎？』對問朗暢，區別有歸，理逐言分，聲隨響答。信熟視之，嘆曰：『此非凡童也。』具體占之，止闕七大人之相，不及佛矣。苟預法流，二十年後必大作佛事，勝任荷寄。乃遣人隨其歸舍，具告所親，喻之出家，父母忻然，乃曰：禪師佛法大龍，光被遐邇，緇門俊秀，歸者如雲，豈伊小騃，那堪擊訓。若垂虛受，固無留吝。時年七歲也。至雙峯習乎僧業，不逭艱辛，夜則斂容而坐，恬澹自居，洎受形具，戒檢精厲。信每以頓漸之旨，日省月試之，忍聞言察理，觸事忘情，痖正受塵，渴方飲水，恬如也。信知其可教，悉以其道授之，復命建浮圖。功畢，密付法衣以為質。要將知乾雪山之肥膩，構作醍醐。餐海底之金剛，棲傾巨樹。掖納之侶，麕至蟬聯。商人不入於化城，貧女大開於寶藏。入其趣者，號東山法歟！以高宗上元二年十月二十三日告滅。報齡七十有四。」

平凡的神奇充滿了初唐以前的禪門

人類文化，無論如何的昌明發達，但對於生命的神奇，一般人始終無法知其究竟。而且在下意識中多多少少總想保留最後的神祕，以自我陶醉或自我幻想。古今中外一例，豈獨宗教中人方以神奇相尚而已。釋迦牟尼、老子、孔子、耶穌、穆罕默德等教主的誕生，以及一般歷史上英雄的出生，都附有許多奇異的傳說，以陪襯其偉大和非凡。是真實？是幻覺？暫時不作論斷。

禪宗的大師們，在初唐之前，大半都是富有傳奇性的人物。我所謂隋唐以前中國禪宗的大師誌公和尚，他便是一個從鷹巢中撿得的孤兒。中國維摩禪的大師傅翕，也是一位富有傳奇性身世的人物。他如達摩禪的三祖僧璨，畢生來歷是一大疑案。五祖弘忍，則平凡中更充滿了神奇。如果照某些學者的偏激觀念來說，大聖人們多半都是「私生子」，則又未免言之過詭。但弘忍大師的出生，記傳事實大多都承認他是無父而生的孤兒，因此照一般常理來說，就很可能被人指為「私生子」了。當然囉！如果引用現代科學人工受孕的理論，倒可作一番漂亮的解釋，但是距離事實太遠，大可不必強作此說。同時，有關這一類的「生死問題」，它是佛法的重心所在，自有一套較為完整、精鑿的理論根據，一時難以說明。

關於生命的延續，牽涉到前生後世的問題，無論在中國文化、埃及文化、大西洋文化（包括希臘文化）中，都自古存在。但從中國文化來說，秦、漢以前，對於生死問題，雖然早已有了「精氣為物，遊魂為變」的解說，認為人死之後，便可化為鬼魅或神祇，但並無「轉生再世」的確論。自東漢以後，佛教傳入中國，「三世因果」和「六道輪迴」之說，才與中國固有的遊魂之變等鬼神思想合流。自魏、晉以後，「轉生再世」的觀念，就一直普植人心，而且廣泛地為佛道兩家所引用，永為生命延續的牢固觀念。例如淨土宗的「遷識往生極樂世界」，禪宗的「了生脫死」等思想，都由此而建立其基礎和究竟的目的。唐以後「三生再世」的觀念，和忠臣、孝子、節婦、義夫等，以及「生而為英，死而為靈」、「神鬼神帝」的思想，也便由於佛法的生命延續之觀念作基礎，確立了中華民族但求正義的至善至真，而「不畏生死」的大無畏精神之牢固基礎了。

如果根據宋《高僧傳》的文字記載，堂堂一代宗師的四祖道信，路上碰到一個七歲小孩，簡簡單單的問答了幾句雙關妙語以後，便輕輕易易的交付了傳統衣鉢，未免太過草率，等同兒戲。禪宗的授受果真如此，何以「其重若彼，而其輕若此」！如果旁求記傳，對於四祖道信大師的「默識其為非凡童」等語意，便有所了解了。總之：關於生命的輪廻轉世之說，在佛教和正統禪宗的立場而言，那是根本的要點所在。信者自信，非者自非，此須真正智慧的抉擇。到目前為止，「靈魂學說」未得實證以前，實在難以強人所難去肯定相信。現在世界各國「神祕學」雖然發達，同時也普遍強調「靈魂」與「輪廻」之說的可信性，但是畢竟還沒有拿出現代科學的證據，不能使這一代傾心科學的崇拜者相信。

隋唐以後盛傳的三生再世之說

與五祖弘忍大師「轉生再世」之說相互輝映，而經常見之於中國人生思想與文學之意境的，便是唐人傳說中的「三生因緣」，記敘李源和圓澤大師的一段故事，如云：

「唐僧圓澤（有作圓觀），與李源善。約遊峨嵋，舟次南浦，見婦人錦襠負甕而汲。澤曰：此婦孕三年，遲吾為子。今已見難逃，三日顧臨，一笑為信。後十三年中秋月夜，杭州天竺寺當相見。及暮，澤亡。而婦乳三日，往果一笑。李後如期至杭州葛洪井畔，見一童牽牛踏歌而來。其詞曰：『三生石上舊精魂，賞月吟風莫要論。慚愧情人遠相訪，此身雖異性長存。』『身前身後事茫茫，欲話因緣恐斷腸。吳越江山尋已遍，卻回烟棹上瞿塘。』欲與之語，牽牛冉冉而逝，李嗟嘆而返。」（事見於《甘澤謠》）

唐、宋以後，由於這段故事的普遍流傳，不但平添中國文學與言情小說中許多旖旎風光，同時也為中國文化確立了因果報應的倫理道德觀，以及特別注重人格修養的濃厚風氣。

道信大師與弘忍大師的授受祖位與其他

根據宋《高僧傳》與《景德傳燈錄》的資料，弘忍大師自七歲依止四祖道信大師開始，接受四祖多年的教育陶融，才得承受衣鉢與禪宗的心法。從此以後遂替代道信大師領導學徒。但達摩禪的一脈，自五祖弘忍繼承親傳衣鉢以後，又同時旁出金陵（南京）牛頭山法融禪師一系，遞相傳授到初唐和盛唐之際。流風所及，地區則遍於安徽、江、浙與揚子江的下游一帶。聲望則影響到唐朝的宮廷，尤有過於五祖以後的北宗神秀之聲勢。因此研究唐代的文化思想史，及隋、唐以後的禪宗發展史，倘若只以六祖慧能一系，涵蓋一切，便有以偏概全之失，實在不明隋、唐以後文化思想發展的趨勢。《傳燈錄》記載四祖與五祖對話中的預言，早已提出這一問題，如云：

「四祖一日告眾曰：吾武德中遊廬山，登絕頂。望破頭山，見紫雲層蓋，下有白氣，橫分六道。汝等會否？眾皆默然。忍（弘忍）曰：莫是和尚他後橫出一枝佛法否？師曰：善。」

達摩禪的四祖道信大師，除了荷擔禪宗心法和衣鉢的傳授以外，從他一生的行徑來看，尤其注重全部佛法與禪定的修證工夫。所謂：「攝心無寐，脇不至席者，僅六十年。」何嘗如後世的禪和們，僅以機鋒轉語的口頭禪為能事。五祖紹承四祖的宗風，為宋《高僧傳》所記述，亦極重禪定修證的行持；並非專以「無姓」或「性本空」等三兩句奇言妙語，便可儌倖而得祖位。至於五祖弘忍的禪宗法要，則見於他的門弟子所記述的〈最上乘論〉。我們必須讀了〈最上乘論〉，參考研究達摩大師的〈血脈論〉和〈破相論〉，以及三祖僧璨大師的〈信心銘〉等，然後再來研讀六祖慧能的《壇經》。那麼，對於達摩禪一系的禪宗理論，或可有一套完整體系的概念。以此學禪，配合禪定修證的工夫，也許可得入道之門。讀了這些禪宗的要典，

懶融

觀是何人心何物　本來這個不須尋
百花落盡春無盡　山自高兮水自深

隋唐間達摩禪的分佈

上文曾經講過中國禪宗在南北朝間興起和發展的史料，約有三途：一為中國大乘禪的誌公大師，一為中國維摩禪的傅大士，一為隋、唐以後禪宗所推尊的達摩大師。但這三家的禪旨，它所表達的方式雖各有不同，其實質卻完全吻合。換言之，都以禪定為根本，進而透脫大小乘全部佛法的心要。其中達摩禪的一支，自南朝梁武帝時期開始，祕密付授，代相遞傳，到了隋、唐之間，已經有了五代的傳承。繼之而起的六祖慧能與神秀的禪宗，已是初唐以後的事了。事不孤起，無論出世和入世的事，它的來龍去脈，也絕非無因突變而來。禪宗在隋、唐以後，形成中國文化的主流，除了上述的誌公和傅大士之外，再要追溯它漸變而來的原因，便須研究南北朝到唐初兩百年間，佛法的禪定之學在中國的演變情形。

「禪定」，本來就是佛法求證的實際工夫，並非徒憑經典的義理和文字就可知其究竟。南北朝兩百年來禪定的發展與演變，不但有歷史時代的因素，同時它在南北朝間所傳佈的地區，也是形成唐代以後禪宗的主要原因之一。至於隋、唐以後禪宗的學術思想和風格，它是綜合大小乘佛學的要旨，並融通老、莊、儒家等思想的精華所形成。這又是另一重大而繁複的論題，須從魏、晉時期開始說起，概括四五百年來中國思想史的精神，所以只好另作別論了。

破頭山與牛頭山

現在只就南北朝到隋、唐兩百年來中國禪的發展和演變來說。南朝的宋、齊、梁、陳、隋歸作一個系統；北魏，又是另作一個系統。北魏在佛教和佛學的發展史上，固然非常重要，但地近西陲，受西域傳入佛教的影響，偏向教義和譯經方面；至於南朝的文化和佛學，是繼承魏、晉學術思想的流風遺韻，偏向於玄奧的探討，著重在機辯的敏捷。

東晉渡江以後，俊彥名士大多都聯袂而到江左，即如出世為僧的佛教徒們，亦多過江南渡，尋幽探勝，而自覓其棲心禪靜的山林作為道場。這種情形雖說是時運使然，其實亦多有人事的因素。當時的北魏，雖然雄據中原，但氏族系出胡人，絕非南渡君臣與士大夫所願臣服。出家人固然不干朝政，而故國禾黍之思，總亦難免起伏於禪心的鑒覺。例如東晉之初，提倡淨土念佛為專修禪觀法門的慧遠法師，此時便寧自南渡到廬山結社以修淨業，其間的初衷心跡，亦未嘗不受這種因素的影響。至於達摩禪的一系，自二、三祖以後，衣鉢逐漸南來，同樣的，也是順時應變的必然現象。

此外，當從「地緣政治」來看文化的發展，時不分今古，地不論中外，凡有人文的區域，總有南北、東西人物與精神的優劣異同現象。總之，北方文化重實際、善篤行；南方文化重曠達、善玄思。例如春秋時代，孔孟精神，便是北方文化的代表；老莊思想，便是南方文化的特色。依此例以概南北朝以後，禪宗發展於南朝的情形，也確然如合符節而絕少不然。

根據禪宗史料的記載，達摩大師傳授衣鉢與二祖神光以外，同時承接他的禪道心要者，還有道副、道育、比丘尼總持、居士楊衒之等數人。他們在當時雖未登堂入室而承受衣鉢的付囑，但禪風的闡揚，散之四方，可想而知已經啟其端倪。此後，二祖傳付衣鉢與宗旨於僧璨以外，旁出亦有多人。由此傳到四祖道信時期，禪宗的風氣已開，又大非二、三祖時可比。他先時行腳江西，後來又在湖北蘄春的破頭山上，正式建立了道場，公開闡揚宗旨。此時正當隋、唐之間，地區則偏在長江南北。

一直到他傳付衣鉢於五祖弘忍以後，他又飄然遠行，到長江下游的牛頭山（金陵）上，找到了法融禪師，傳授禪宗心法，再又開啟了牛頭法融的一脈。歷傳到中唐以後，人才輩出，頗多名動朝野，望重當時的哲匠。如杭州徑山寺的道欽禪師，備受唐代宗的尊重，就是其中之一。如果隋唐以後的禪宗，真有南北之分，則牛頭山法融禪師的一系，早已開啟了北宗的風格，豈待神秀與荷澤（神會）之時，方起紛爭。

賺得百鳥啣花的懶融

法融禪師，潤州（鎮江）延陵（武進）人，姓韋。十九歲時，便學通經史。後來讀到了《大般若經》，了解真空的玄奧。有一天，他感慨地說：「儒家與道家的典籍，到底不是最究竟的道理，看來只有般若正觀，才能作為出世的舟航。」因此，他就隱遯到茅山（今在句容縣境）出家去了。後來他獨自一個人，到牛頭山幽棲寺的北巖石室中專修禪定。相傳有百鳥啣花來供養他的奇蹟。

到了初唐貞觀時期，四祖道信大師傳付衣鉢與五祖弘忍以後，遙遠地看到牛頭山上的氣象，便知此山中必有不平常的人物。因此，便親到牛頭山來尋訪究竟。他向幽棲寺的一位和尚打聽說：「這裡有修道的人嗎？」那個和尚便說：「出家人哪個不是修道的人啊！」四祖說：「啊！哪個是修道的人哪？」這個和尚被問得啞口無言了。旁邊另一個和尚便說：「從這裡再去山中，約十里左右，有一個和尚住在那裡。他叫法融，但非常的『懶』，看見別人也不起來迎接，更不合掌作禮，所以大家都叫他『懶融』，也許他是一個道人吧！」四祖聽了，便再進山去尋訪。

善惡一心都可怕

四祖到了山中，看見法融禪師端坐習禪，旁若無人，絕不回頭來看他一眼，便只好問他：「你在這裡作什麼？」

法融禪師說：「觀心。」

四祖便說：「觀是何人？心是何物？」

法融禪師無法對答，便起來向四祖作禮，一邊就問：「大德高棲何所？」

四祖說：「貧道不決所止，或東或西。」

法融說：「那麼，你認識道信禪師嗎？」

四祖說：「你問他作什麼？」

法融說：「嚮德滋久，冀一禮謁。」

四祖便說：「我就是。」

法融說：「因何降此？」

四祖說：「我特意來訪你的。除了這裡以外，還有哪裡可以『宴息』的地方嗎？」

法融就指指山後說：「另外還有一個小庵。」

四祖便叫他帶路。到了那裡，看到茅庵四周，有許多虎狼之類的腳印，四祖便舉起兩手作恐怖的狀態。法融禪師看到了，便說：「你還有這個在嗎？」

四祖便說：「你剛才看見了什麼？」

法融又無法對答，便請四祖坐下。四祖就在他坐禪的大石頭上寫了一個「佛」字。他看了竦然震驚，認為這是大不敬的事。四祖便笑著說：「你還有這個在嗎？」他聽了依舊茫然未曉。

新語云：看了這段禪宗的公案，首先須要注意法融禪師，在未出家，未學禪之先，便已是「學通經史」，深通儒、道的學者。出家以後，他的行徑，以「懶」出了名。其實，他全副精神用在「觀心」修禪上，所以便「懶」於一切外務。

其中最為有趣而且有高度「機鋒」的幽默對話，便是四祖問幽棲寺和尚：「此間有道人否？」僧答：「出家兒哪個不是道人。」四祖又說：「啊！哪個是道人？」聆此，殊堪發人深省。

後來他問法融禪師：「觀是何人？心是何物？」便是參禪學佛最重

要的話頭，也是一般要學道靜修的人，最值得深深省察的要點，不可輕易放過。

其次，山中已夠清靜，而四祖還要追問法融禪師，在此清靜境中，「莫更有宴息之處否？」豈非奇特之至？須知日夜落在清靜中者，正自忙得不亦樂乎，鬧得非凡，哪裡是真宴息之處？真宴息處，不在於清靜與熱鬧中啊！

最後，法融禪師帶著四祖進入後山小庵處，看見了虎狼之類足跡，四祖便作恐怖的狀態，因此引起法融禪師的疑問：「既然你是悟道的大禪師，還有懼怕虎狼的恐怖心嗎？」四祖因此便問他：「你看到了什麼？」到這裡，學者大須注意，這一恐怖之心，與「觀是何人？心是何物？」有何差別？必須要檢點得出來。再說，見虎狼即恐怖，與「喜、怒、哀、樂，發而皆中節」之心，又有何差別？亦須一一檢點來看。可惜法融禪師當時不悟，所以四祖便在他打坐的石頭上，寫了一個「佛」字，引起他的震驚與竦懼，因此反問他：「你還有這個在嗎？」這便是宗門的作略，處處運用「不憤不啟，不悱不發」的啟發式教授法，頗堪玩味。同時，也顯示出禪宗佛法在佛教中，的確是入乎其內，出乎其外的真解脫，絕非小根小器的人所可了知。且聽偈曰：

觀是何人心何物　本來這個不須尋
百花落盡春無盡　山自高兮水自深

在山的悟對和出山的行為

因此，法融禪師便請示心法的真要。四祖說：「百千法門，同歸方寸。河沙妙德，總在心源。一切戒門、定門、慧門，神通變化，悉自具足，不離汝心。一切煩惱業障，本來空寂。一切因果皆如夢幻。無三界可出，無菩提可求。人與非人，性相平等。大道虛曠，絕思絕慮。如是之法，汝今已得，更無闕少，與佛何殊！更無別法。但任心自在，莫作觀行，亦莫澄心。莫起貪瞋，莫懷愁慮。蕩蕩無礙，任意縱橫。不作諸善，不作諸惡。行住坐臥，觸目遇緣，總是佛之妙用，快樂無憂，故名為佛。」

法融禪師聽到這裡，又問：「此心既然具足一切，什麼是佛？什麼是心？」

四祖便說：「不是心，哪裡能問什麼是佛。能問佛的是什麼？當然不會不是你的心啊！」

法融禪師又問：「既然不許此心作觀想修行的工夫，對境生心時，又如何去對治它呢？」

四祖說：「外境本來就沒有好醜美惡的差異，所有好醜美惡，都由自心而起。此心既不強生起名言和境相的作用，那妄情又從哪裡生起呢？妄情既然不起，真心就可任運自在而徧知無遺了。你要隨心自在，不要再加任何對治的方法，就叫作常住法身，更沒有別的變異了！」

法融禪師自受四祖的心法以後，入山從他學道的人更多了。到了唐高宗永徽年間，因徒眾乏糧，他就親自到丹陽去募化。早出晚歸，往來山中八十里，親自背米一石八斗，供養僧眾三百人。又屢次應邑宰蕭元善和博陵王之請，講解《大般若經》。

新語云：四祖對法融禪師所說的禪宗心法，極為平實而扼要，他把大小乘佛學經典的要義，透過「般若」（智慧）的抉擇而會歸一心，絕不拖泥帶水，更無神祕的氣氛。他與達摩大師、誌公、傅大士的禪語，完全類同。學者應當和五祖弘忍所作的〈最上乘論〉互相比照來讀，然後就可瞭解六祖《壇經》的淵源所在了。

其次，達摩的一系，其初以《楞伽經》為印證的要典。自四祖開始，便改為以《般若經》為主。五祖和六祖均秉承師法，亦都弘揚「般若」。法融禪師的一支，也不例外。這是達摩禪到隋、唐之間的一變，雖然無關宗旨，但對於禪宗思想史的演變，卻是一個關鍵所在。

禪宗以「無門為法門」，但主悟明心地，徹見性源而已。雖然，由持戒、修定而最後得其慧悟的，便叫作「漸修」；因敏慧而透脫心地法門的究竟者，便叫作「頓悟」。「頓悟」以後，雖修一切善行而不執著於修。看來形跡似乎不重修行，實則隨時都在自修心地，只是不拘小乘形式上的禪定，而特別著重於明心返照。以上所記法融禪師和四祖的問答，便是禪宗修法的要點，必須會歸一心而體味玩索。

同時可由此了知，法融禪師在未見四祖之前，修習禪定的觀心法門於牛頭山上，真是「獨坐大雄峯」，玩弄一段非常奇特的大事。但自見到四祖以後，反而沒有如此悠閒自在，卻要為大家講經說法，又要為大眾謀飯吃，親自往來負米山中，這又為了什麼？不是真達明心之境的，實不懂此禪要；不知持心而行修布施的，更不知此禪要。總之，真正禪的精神，不是只圖意境上的獨自清閒享受，它是注重心地行為的捨施，而不企望有什麼圖報的。法融禪師，便是「在山泉水清，出山泉水清」的一格，你說對嗎？

法融一系的禪心與文佛

牛頭山法融禪師一系的禪門，自隋、唐之際（約當西元六〇〇年間），傳承六世到唐穆宗長慶（西元八二四年）之後，經過兩三百年，風聲所及，影響唐初的朝野與士風，頗為有力。其中人才輩出，清亮可風，如道欽禪師見重於唐代宗，慧忠禪師以伏虎而顯現神跡等，自唐以後，素為僧俗所欽敬。這一系禪門的風格，以注重篤實的行持與禪定相契為根本。而其說法的方式與教授法，卻與唐代的文學，結了不解之緣，此尤為其特色。但其行化的主要地區，卻偏在江南一帶，如江蘇與浙江的通都大邑或名山勝水之間。約略有如後面的附表。

詩境與禪語

有關牛頭法融禪師的精闢法語，莫過於他對博陵王的答問（文繁不錄）。尤其對於心性體用之間的警語，如「恰恰用心時，恰恰無心用。無心恰恰用，常用恰恰無」等至理名言，傳誦千古。同時亦為南宗六祖以下的禪門所服膺。後來他傳法於第二世的智巖禪師時，便說：「吾受信大師真訣，所得都亡。設有一法勝過涅槃，吾說亦如夢幻。夫一塵飛而翳天，一芥墮而覆地」諸語，不但是「文以載道」的名言，而且也是禪與文學相結合的特別之處。因此，多為南宗六祖一系的禪者所樂道。

自融師之後，以文辭妙句達禪道心要的，莫如舒州天柱山的崇慧禪師。例如：

僧問：「如何是天柱境？」

答：「主簿山高難見日，玉鏡峯前易曉人。」

問：「如何是天柱家風？」

答：「時有白雲來閉戶，更無風月四山流。」

問：「亡僧遷化向什麼處去？」

答：「灊嶽峯高長積翠，舒江明月色光輝。」

問：「如何是道？」

答：「白雲覆青嶂，蜂鳥步庭華。」

問：「宗門中請師舉唱。」

答：「石牛長吼真空外，木馬嘶時月隱山。」

問：「如何是西來意？」

答：「白猿抱子來青嶂，蜂蝶啣華綠蘂間。」

新語云：諸如此類的語句，都是以文學的意境，平實地表達本地風光，開啟了唐末五代與宋初禪門的法語風格。

吹布毛的啟發

以機辯淵默顯示平實的法要者，則為杭州鳥窠的道林禪師。他的啟發式教授法，尤為千古禪門所樂道。例一如：

道林禪師自得法於道欽禪師以後，見「秦望山有長松，枝葉繁茂，盤屈如蓋。」遂棲止其上，故時人謂之鳥窠禪師。復有鵲，巢於其側，自然馴狎，人亦目為「鵲巢和尚」。當時有一小侍者名會通者，在俗本名為吳元卿，原任唐德宗「六宮使」（宮廷王室的聯絡官），「形相端嚴，王族咸美之。」惟志厭世俗，力求出家。德宗常勸諭之曰：「朕視卿若昆仲，但富貴欲出於人表者，不違卿，唯出家不可。」然德宗終難挽其初心，而奉准出家為僧，依鳥窠禪師為侍者。「晝夜精進，誦大乘經而習『安般』三昧（即修禪定之另一方法）。」

一日，欲辭鳥窠禪師他去，師問曰：「汝今何往？」答：「會通為法出家，不蒙和尚垂慈誨，今往諸方學佛法去。」

師曰：「若是佛法，吾此間亦有少許。」

會通即問：「如何是和尚佛法？」

鳥窠禪師即於身上拈起布毛，吹之。會通因此而領悟玄旨，當時人稱之為「布毛侍者」。

迨唐武宗廢佛寺時，師與眾僧禮辭靈塔（拜別鳥窠禪師的墓塔）而邁，不知所終。

例二如：

老難為善

元和中，白居易出守杭州，因慕鳥窠禪師之名而入山禮謁。

白問：「禪師住處甚為危險。」

師曰：「太守危險尤甚！」

白問：「弟子位鎮江山，何險之有？」
師曰：「薪火相交，識性不停，得非險乎？」
白問：「如何是佛法大意？」
師曰：「諸惡莫作，眾善奉行。」
白說：「三歲孩兒也解恁麼道。」
師曰：「三歲孩兒雖道得，八十老人行不得。」
白居易終生棲心禪觀與淨土，得力於鳥窠禪師的開示頗為有力。

至聖獨照的雋語

又如得法於牛頭慧忠禪師的惟則禪師，隱於天臺瀑布之西巖，後自名其巖為佛窟。一日示眾曰：「天地無物也，我無物也，然未嘗無物。斯則聖人如影，百年如夢。孰為生死哉！至人以是獨照，能為萬物之主，吾知之矣。汝等知之乎？」

新語云：總之，牛頭法融一系的禪風，既平易，又奇特，有機鋒，有實語，與南宗六祖以後的禪，同而不同。他與五祖弘忍大師旁出的北宗神秀之禪，互相輝映於唐代的文化思想之間，頗有影響之力，學者不可不加注意。

法融一系的禪心與文佛索引表（初稿一）

法號	出生年		卒年		出生地	歸終地	享年	備註
法融禪師	594	隋文帝開皇十四年甲寅	657	唐高宗顯慶二年丁巳	潤州延陵（江蘇武進）	建初（未詳）	64	第一世
智巖禪師	599	隋文帝開皇十九年己未	676	唐高宗儀鳳元年丙子	曲阿（江蘇丹陽）	南京石頭城	78	第二世
慧方禪師	629	唐太宗貞觀三年己丑	695	唐武則天天冊元年乙未	潤州延陵	茅山（江蘇句容）	67	第三世

法持禪師	635	唐太宗貞觀九年乙未	702	唐武則天長安二年壬寅	潤州江寧（南京）	金陵	68	第四世
智威禪師	653	唐高宗永徽四年癸丑	729	唐玄宗開元十七年己巳	江寧（南京）	金陵延祚寺	77	第五世
慧忠禪師	683	唐中宗弘道元年癸未	769	唐代宗大曆四年己酉	潤州上元（江蘇江寧）	金陵延祚寺	87	第六世
曇璀禪師	631	唐太宗貞觀五年辛卯	692	唐武則天天授三年壬辰	吳郡（江蘇吳縣）	鍾山（江蘇江寧）	62	法融禪師旁出
玄挺禪師					宣州耀國寺			
玄素禪師	668	唐高宗總章元年戊辰	752	唐玄宗天寶十一年壬辰	潤州延陵	京口鶴林寺（江蘇鎮江）	85	智威禪師下旁出

崇慧禪師			779	唐代宗大曆十四年己未	彭州（江蘇銅山）	舒州天柱山（安徽）		智威禪師下旁出
道欽禪師	714	唐玄宗開元二年甲寅	792	唐德宗貞元八年壬申	蘇州崑山	杭州徑山	79	
道林禪師	741	唐玄宗開元廿九年辛巳	824	唐穆宗長慶四年甲辰	本郡富陽（浙江杭縣）	杭州秦望山	84	
會通禪師					本郡	杭州招賢寺		
惟則禪師					京兆（陝西長安）	天台山佛窟巖	80	慧忠禪師下旁出
雲居智禪師						天台山		

（初稿二）

法號	弘法之地
智巖禪師下旁出八人	
鏡潭禪師	東都（洛陽）
志長禪師	襄州（湖北襄陽）
義真禪師	湖州（浙江）
端伏禪師	益州（四川）
龜仁禪師	龍光（未詳）
辯才禪師	襄陽（湖北襄陽）
法俊禪師	漢南（湖北南部）
敏古禪師	西川（四川成都）
法持禪師下旁出二人	
牛頭山玄素禪師	牛頭山（金陵）
弘仁禪師	天柱（未詳）
鶴林玄素禪師下旁出二人	
曇益禪師	金華（浙江金華）

圓鏡禪師	吳門（江蘇吳縣）
道欽禪師復出三人	
山悟禪師	木渚（未詳）
廣敷禪師	青陽（安徽貴池）
崇慧禪師	杭州（巾子山）
道林禪師復出一人	
會通禪師	招賢
寶觀禪師	靈巖
法融禪師下三世一十二人，只有曇璀禪師見錄，其他十一人則不錄	
曇璀禪師	金陵鍾山
大素禪師	荊州
月空禪師	幽棲（未詳）
道演禪師	白馬（河南滑縣）
定莊禪師	新安（未詳）
智瑳禪師	彭城（江蘇銅山）
道樹禪師	廣州
智爽禪師	湖州（浙江）

杜默禪師	新州（未詳）
智誠禪師	上元（江蘇江寧）
定真禪師	上元羅浮山
如度禪師	上元
慧忠禪師下旁出三十六人，二人見錄，三十四人無機緣語句不錄	
惟則禪師	浙江天臺山
雲居智禪師	浙江天臺山
道性禪師	金陵牛頭山
智燈禪師	江寧
懷信禪師	解縣（山西安邑西南）
全禪師	鶴林
懷古禪師	北山（未詳）
觀宗禪師	浙江明州
大智禪師	牛頭山
善道禪師	白馬
智真禪師	牛頭山
譚顒禪師	牛頭山

雲韜禪師	牛頭山
凝禪師	牛頭山
法梁禪師	牛頭山
行應禪師	江寧
惠良禪師	牛頭山
道融禪師	興善
照明禪師	南京蔣山
法燈禪師	牛頭山
定空禪師	牛頭山
慧涉禪師	牛頭山
道遇禪師	幽棲（未詳）
凝空禪師	牛頭山
道初禪師	蔣山
藏禪師	幽棲
靈暉禪師	牛頭山
道穎禪師	幽棲
巨英禪師	牛頭山

法常禪師	釋山（未詳）
凝寂禪師	龍門（未詳）
遠禪師	莊嚴
道堅禪師	襄州（湖北襄陽）
尼明悟禪師	
清源禪師	潤州棲霞寺
居士殷淨	

馬祖不是媽祖

馬祖，這是中唐以後弟子們對他私謚的尊稱。因為由達摩所傳的禪宗，到了六祖慧能之後，誰也不敢擅自稱「祖」，所以便有這種私底下的稱呼。也可以說是平民式、自由式的尊稱，既不盡同於佛教的教儀，也不合於當時的官式法定。但是的確表示了他的弟子們由衷的敬意。

他俗姓馬，四川什邡縣人，出家的法名叫「道一」。可是後來提到「道一」禪師，反而很少有人知道，提到馬祖，誰都清楚就是他。不過他是唐代的和尚，是男人，並非民間相傳宋代以後福建的「媽祖」。媽祖是一位由行孝而成神的孝女，在民俗的信仰中，頗為威靈顯赫，聲震朝野。有的地方，還建廟祀奉她，稱為天后宮的天后娘娘呢！

據禪宗資料的記載，馬祖生具異相，大有王者之概。「牛行虎視，引舌過鼻，足下有二輪文。」這樣一位堂堂的大丈夫，後來成就為南宗禪門的大宗師，聲名教化隆盛一時，這與他生具的威儀秉賦，也有極密切的關係。

他從小出家，依四川資州唐（俗姓）和尚落髮。後來在重慶圓律師處受戒，正式為僧。

前文（《人文世界》第三卷第二期）說過，他在湖南南嶽衡山習定碰到懷讓大師的事，那正是唐玄宗開元間事。據《傳燈錄》的記載，當時一起跟著懷讓大師學禪的，共有九人。夠得上稱為入室弟子的，只有六人，其中唯有馬祖的成就最大，得密授心印。

他後來自建陽（福建）佛跡嶺遷到臨川（江西），再遷南康（江西）的龔公山。一直到了唐代宗的大曆中（766～775）隸名於開元精舍。

南宗禪由馬祖手裡開始大盛，在中國文化史上，應該算是中唐到晚唐間事。那時唐代的宗室內部，已漸趨衰退，藩鎮的權力日益增強。南宗禪馬祖宗風的振興，應該說是得力於他的藩鎮弟子，嶺南的連帥路嗣恭之力。但路嗣恭在唐代的政治舞臺上，卻不是什麼「清風亮節」的人物，只是當時的權勢，足可影響南方的政局，因此之故，對馬祖的聲望而言，實有錦上添花的作用。

凡是宗教，由教主們白手建立起來以後，後代的興隆，往往都要憑藉權力來陪襯。由此互為因果，政教兩者便不可或分了。至少在過去的中外史上，都是如此。以後在人類史上究竟如何，暫且不作討論。

馬祖一生的教化，盤根落在江西。與他同時齊名的石頭希遷和尚，也在江西。當此時也，佛教與禪宗的中心，統統在湖南、江西之間。而且當時的時局，北方頗為不穩，南方較為安定。禪定，更需要世局的安定。因此，對當時贛、湘之間禪風的盛行，可以思過半矣。

一段民間傳說的插曲

馬祖的故鄉，雖說在唐代的什邡縣，但三十年前，我在成都的時候，成都北門有一條街，叫簸箕街。據當地的朋友告訴我說，馬祖的家鄉，便在此處。當時，他的家裡是以編賣簸箕為生的。

馬祖自南嶽得道以後，曾想回到四川弘揚佛法——禪宗。四川人聽說有一位得道的高僧到了成都，大家爭相膜拜。結果一看是馬簸箕的兒子，便一哄而散，沒有人相信。因此馬祖很感慨地說：「學道不還鄉，還鄉道不香。」

他決心再度離開故鄉，要到下江去了（四川朋友通稱長江下游各地的慣語）。只有他的一位嫂嫂很相信他，求他傳授佛法。

他笑著說：「妳真的信我啊！那妳拿一個雞蛋，把它懸空掛起來，每天早晚把耳朵貼到雞蛋去聽，等到它出聲音和妳講話時，妳就會得道了。」

他的嫂嫂深信不疑，一切遵辦。馬祖走了，她聽了多少年，也聽不到那個雞蛋出聲音。可是並不灰心，照聽不誤。有一天正當她在聽的時候，細繩子斷了，雞蛋打破了，他的嫂嫂因此大徹大悟而得道了。

這個故事，雖說只是一個民俗寓言，哈哈大笑以外，在我覺得，好像親見馬祖一樣，啟發我太多的道理。可惜聰明而可憐的世上人啊！誰真能領會其意呢？「智者過之，愚者不及焉！」其奈禪道何！

其次，當時又使我生起一個很可笑的感想。人，畢竟就是那麼平凡。多少宗教上的大師，都受到得道還鄉的苦果。只有項羽、劉邦這種人物，才有條件說：「富貴不歸故鄉，如衣錦夜行」。可是當亭長還鄉高唱「大風起兮」的歌聲之後，何以他又慷慨悲涼，愴然淚下呢？這真使人低徊惆悵，欲語無言了，這也正是世人平凡的可愛！你說對嗎？

馬大師活用了教學法

南宗禪自慧能六祖以下，經青原行思和南嶽懷讓兩位傑出弟子的作育，已經一反歷來死困在經論義理中的傳統，漸啟中國佛法的光芒。自懷讓大師再傳到馬祖的手裡，以他秉賦博大閎深的氣度，充分發揮了活用的教學法，更使極其高明深奧的佛法妙理，顯現在平實無奇的日常應用之間，開放了中國文化特殊光芒的異彩。

《中庸》所說的「極高明而道中庸」。

《莊子》所謂的「道在矢溺」。

《維摩經》所說的「譬如高原陸地，不生蓮花。卑濕淤泥，乃生此花」。

所謂中國文化儒、佛、道三家的密意，統統都在馬祖的言行和舉止中表達無遺了。

以下所說的，便是馬祖教學法的機趣，由此可見中唐以後南宗禪在風格上的演變。

一顆大明珠

越州（廣東省合浦縣）大珠慧海禪師，俗姓朱，建州（福建省建甌縣）人。依越州大雲寺道智和尚受業。

他初到江西，見了馬祖，馬祖便問他：

「從哪裡來？」

「越州大雲寺來。」大珠答。

「到這裡準備作什麼？」馬祖問。

「來求佛法。」大珠直截了當說出來意。

「你不肯回顧自己家裡的寶藏，偏要拋家亂走到外面作什麼？」

「我這裡一樣東西都沒有，你要求什麼佛法啊？」馬祖一臉嚴肅的神氣，嘴裡說著話，目不轉睛地看著他。

年輕的大珠和尚愣住了，不知不覺地跪拜在馬祖的面前說：「啊！什麼是我慧海自己家裡的寶藏呢？」

馬祖的眼光更銳利地瞪著他說：

「就是你現在能夠問我的。這本來就具足一切的，從不缺少什麼，你要怎樣使用它，不是都很自在嗎？又何必向外面尋求個什麼東西呢？」

大珠聽了反躬自省，當下便體認了自己本來的心地，並不由於知覺和感覺，以及外界的反應而生。他心花怒放，高興得跳起來，又很感激地跪下來多謝馬祖的指點迷津。

從此他心安理得，跟著馬祖大師，侍奉了六年之久。因為他原來的受業師道智老和尚老邁年高，他不忍心不管他。就稟明了馬祖，回到越州去奉養他的業師。

在這一段時間，大珠和尚深深韜晦自己的成就，並不顯露鋒芒，從外表上看來，好像一個癡癡呆呆的大獃瓜似的。他默默地寫出一篇心得報告的文章，命名為〈頓悟入道要門論〉。

他的這一篇著作，被他的師侄玄晏偷走，拿到江西來給馬祖，馬祖看過後，很高興地告訴大家說：「哈哈！越州有一顆大珠，圓光明透，自在無遮障處也！」

大家聽了，有人知道大珠慧海和尚，俗家姓朱。馬大師說的大珠，便是他。漸漸就有許多人向他那裡來找佛法了。大珠說：「禪客們，我不會禪，沒有一法可以告訴你們。不必要長久的站著等我傳授些什麼，大家還是自己去安歇吧！」

新語云：大珠和尚見馬祖，只被他點出一語，便找到了自己本有的，用之不盡，取之不竭的寶庫。如此而已，他就寫了一篇文章來消遣。無奈後世的學禪者，卻捧著大珠的〈頓悟入道要門論〉死啃，咬文嚼字，一字一句的叫好連天，死死不放。真是使人笑掉了大牙。即使你能把「頓悟要門」倒背如流，其奈你的大珠早已漏到海底去了，有何用處？

雖然如此，大珠和尚真是一悟便休嗎？不對！不對！你要知道，他還依止馬大師六年，細細琢磨透了，才包裹起來，回到廣東，裝聾賣獃，老老實實地告訴人並沒有什麼東西。如果不能如此，你還是去讀〈頓悟入道要門論〉吧！

不過，千萬要記得，那只是一篇要走向禪門頓悟的「入道要門」，指出「心即是道」，「心即是佛」的前導。一落言詮，即非究竟。後世有些人，硬將此書抱本參禪，反把一顆明珠，碎成泥漿。可惜！可惜！

獵到一個弓箭手

馬祖活用了機會教育法，就像唐代文化中詩的文學一樣，充滿了淳樸、弘大、性靈的美，一反歷來宗教上呆板拘執的陳腐氣息。他弘揚禪道的教育法真像一個大獵戶，隨處可以獵到人才，造就人才。例如：

撫州（江西）石鞏慧藏禪師，未出家以前，是以打獵為生。素來最討厭看到出家的人。有一天，追趕一隊鹿群，經過馬祖的住庵門口，馬祖特地來堵著他。

慧藏：「和尚，你看到一群鹿過去嗎？」

馬祖：「你是什麼人？」

慧藏：「打獵的。」

馬祖不答他的話，卻反問說：「那你會射箭嗎？」

慧藏：「當然會。」

馬祖又問：「你一箭射幾個？」

「一箭一個。」

馬祖一副漫不在乎的樣子說：「那你並不會射箭啊！」

慧藏問：「和尚，你也懂得射箭嗎？」

馬祖答：「當然會。」

慧藏：「那你一箭可以射幾個呢？」

「一箭可以射一群。」馬祖說的輕鬆自然。

慧藏：「彼此都是生命，又何必一箭射牠一群幹嘛？」

馬祖笑了：「你既然知道彼此都是生命，那麼，你為什麼自己不射自己呢？」

慧藏說：「如果要我自己射自己，實在無法下手！」

馬祖看著他，哈哈大笑，笑得慧藏莫名其妙，只有獃呵呵地望著他笑。

馬祖笑過了一陣，自言自語地對著慧藏說：

「這傢伙！曠劫的無明、煩惱，今天總算頓時休息去了吧！」

慧藏被他一語驚醒了夢中人，當時就毀棄了弓箭，自己用刀來割斷了頭髮，跟著馬祖進庵，自求出家為僧了。
出家以後，他在廚房打雜。有一天，被馬祖看到了，便問：
「你在做什麼？」
慧藏說：「牧牛嚒！」
「你怎樣牧牛啊？」
「只要覺得牠落草去了，便把牠的鼻子扭轉來。」慧藏答。
馬祖說：「好！你會牧牛。」
慧藏聽了，一句話也不說，自顧自的休息去了。

不離本行的獵手

有一次，石鞏慧藏問他的師兄西堂和尚：
「你還知道怎樣捉得住虛空嗎？」
「知道。」西堂答。

「你怎樣的捉？」石鞏問。

西堂便伸手作出捉虛空的姿勢。

石鞏說：「這樣，哪裡能捉得住虛空呢？」

「師兄！你怎樣的捉呢？」西堂問。

石鞏便把西堂的鼻子用力的扭住，拖他過一邊去。痛得西堂忍不住了，大聲地說：

「太煞用力了，會把鼻子扭脫了的！」

「必須要這樣捉虛空才得！」石鞏笑著對西堂說。

新語云：現在一般學禪的人，只以為閉目默然，空心靜坐便是禪，對此應痛自體會才對。

他追隨馬祖多年以後，才辭師獨立，住在石鞏，因此後世禪門，便稱他為石鞏禪師。他平常教人，什麼佛啊！道啊！禪啊！都不用。只是張弓架箭接待來學的人。

後來，年輕的三平和尚來看他，他架起了弓箭，大聲的叫著，「看箭！」

三平若無其事地敞開了胸膛說：「這只是殺人之箭，還有活人的箭，怎樣射呢？」

石鞏不答他的問題，只扣了弓弦三下。三平當下便禮拜了下去。石鞏卻慨嘆地說：

「三十年了！一張弓，兩隻箭，到如今，只射得了半個聖人。」他說完了，便把弓箭都拗斷不用了。

後來三平再從大顛處參學，才有成就。所以石鞏當時說他還只懂了一半。三平以後對人說：「當時以為得便宜，現在才知道卻輸了便宜。」

新語云：試問，活人之箭，與扣弓弦三響，有何關係呢？

有一次，他問一個新來學的和尚：

「你還帶得那個來嗎？」

「帶來了。」

「在哪裡？」石鞏又問。

新來的和尚便彈指三聲。石鞏不再說什麼。新來的和尚忍不住了，想一下再問：

「怎樣可以免了生死呢？」

「要免作什麼？」石鞏答。

「那麼怎樣才能免得過呢？」新來的和尚再問。

「這個本來就是不生不死的嘛！」石鞏答。

又是一顆明珠

由馬祖造就出來的石鞏慧藏禪師，真的只是一個拉弓射箭的粗人嗎？他還是一個文學的高手呢！他作了一首有名的詩〈弄珠吟〉。

「落落明珠耀百千，森羅萬象鏡中懸。光透三千越大千，四生六類一靈源。凡聖聞珠誰不羨，瞥起心求渾不見。對面看珠不動珠，尋珠逐物當時變。千般萬般況珠喻，珠離百非超四句。只這珠生是不生，非為無生珠始住。如意珠，大圓鏡，亦有人中喚作性。分身百億我珠今，無始本淨如今淨。日用真珠是佛陀，何勞逐動浪波波。隱現到今無二相，對面看珠識得麼？」

新語云：這便是禪宗祖師們，早已預言由「馬駒」足下踏出來英才的一斑。作詩、弄文，固然無關禪道，但如果從性地上自然的流露，也正與彈指之事相同，何妨起用。能文的便文，能武的便武，各守本分可也。如果說自己不會的，看了別人會的，硬說修禪的人，為什麼還要作詩，這種觀念如果不是器小量狹，那便是屙屎見解。換言之：學禪的人就不可以說話嗎？

唐宋間與湖南有關的禪宗大德

近年以來，各地旅臺人士，因思鄉情切，發起刊行地方文獻的運動。老友蕭天石夫婦，寄給我四川文獻與湖南文獻各一份，並且還要催索文稿。

天石兄是湖南人，他的夫人是四川人。抗日期間，各地人士，旅居四川的，大都有好幾年的時間，比較居留長久一點的，對四川地方，就有第二故鄉之感。蜀中山水，經常會使人夢魂顛倒，我也便是其中的一個。對於湖南，在我而言，比較生疏得多。但是湖南的少數地方，總有些萍蹤偶跡，留有少許的雪鴻爪印。至於湖南籍的朋友，幾十年來，萍水他鄉，雖然認識的也不少，但說到與地方文獻有關的事，實在不多。因此天石兄要我寫些有關湖南文獻的資料，就無法應命。

但天石兄迫稿的本事真大，而且會派題目。今年春天，他來和我閒談禪宗的史地關係。我說：隋、唐以後的南宗，除了廣東曹溪以外，湖南與江西，應該算是禪宗的發祥地，而且它與唐、宋間南方文化思想的因緣，正如春秋、戰國時期南方文化的老、莊思想一樣，影響之大，流傳之廣，實在驚人。他聽了以後，硬要我寫一篇有關「禪宗大德與湖南」的文章。並且約定一定要交卷。當時我就想到老子說：「多言數窮，不如守中」的名訓，深悔自己的一時多言，被他抓到話柄。

我的俗事多，惰性又大，一拖再拖，始終未能下筆。而且有關搜集資料，牽涉考據的事，更是平生最怕的事，所以始終沒有提筆。天石兄筆下快，催稿的本事又大，而且優遊林下，閒情逸致又多，加以左耳重聽有年，裝聾賣獃，常常上門催稿猶同迫債。因此，只好叫學生們相助，先行整輯有關湘中禪德的索引，予以發表。暫時定名為〈唐宋間與湖南有關的禪宗大德索引表〉。

本表係初步統計，暫從隋、唐間開始，到南宋紹興間為止。包括五百餘年間禪宗史事的要略。至於內容與說明，只好留待整理禪宗發展史或中國文化時再來補充了。

唐宋間與湖南有關的禪宗大德索引表

禪德名號	時代		與湖南有關者	法系
	年號	西元		
南嶽慧思禪師	梁天監十二年至陳太建九年	513～577	陳光大元年丁亥，西元五六七年自光州大蘇山（今河南潢川縣）將四十餘僧，徑趨南嶽，寄止十載，以迄入滅。	天臺宗三祖
天臺智顗禪師	梁大同三年至隋開皇十七年	537～597	荊州華容（今湖南華容縣）陳氏子，得法於南嶽慧思	天臺宗四祖
嬾殘禪師	唐天寶初	740前後	湖南衡岳寺執役僧	未詳
南嶽懷讓禪師	唐儀鳳二年至天寶三年	677～744	開元元年，西元七一三年始往衡嶽，居般若寺，金州（今陝西安康）杜氏子。	六祖下第一世
馬祖道一禪師	唐景龍二年至貞元四年	708～788	開元中習定於衡嶽傳法院，遇讓和尚發明大事。	六祖下第二世 南嶽下第一世

南嶽石頭希遷禪師	唐（周）聖曆二年至貞元六年	699～790	天寶初薦之衡山南寺，寺之東有石狀如臺，乃結庵其上，時號石頭和尚，端州高要（今江西高要）陳氏子。	六祖下第二世 青原下第一世
湖南東寺如會禪師	唐天寶二年至長慶三年	743～823	居湖南東寺	以上皆南嶽下第二世
澧州茗溪道行禪師			澧州（今湖南澧縣）	
潭州三角山總印禪師			潭州（今湖南長沙）	
五臺山隱峯禪師			冬居衡嶽，夏止清涼。	
南嶽西園曇藏禪師			唐貞元二年遁居衡嶽之絕頂，尋以足疾移止西園。	
潭州華林善覺禪師			潭州（今湖南長沙）	
潭州秀谿和尚				
潭州龍山和尚				
襄州居士龐蘊			衡州衡陽縣人	

澧州藥山惟儼禪師	唐天寶九年至太和八年	750～834	絳州（今山西省新絳縣）韓氏子，年十七出家，唐大曆八年納戒於衡嶽希操律師，後謁石頭密領玄旨，居澧州藥山。	以上皆青原下第二世
潭州大川和尚			潭州（今湖南長沙）	
潭州長髭曠禪師				
潭州招提慧朗禪師				
長沙興國寺振朗禪師				
潭州大同濟禪師				
潭州石霜性空禪師			潭州（今湖南長沙）	以上皆南嶽下第三世
湖南長沙景岑招賢禪師				

湖南上林戒靈禪師			潭州（今湖南長沙）	南嶽下第三世
湖南祇林和尚			湖南	
潭州溈山靈祐禪師	唐大曆五年至大中七年	770～853	溈山在湖南寧鄉縣西	南嶽下第三世 合稱溈仰宗
袁州仰山慧寂通智禪師	唐元和十年至大順二年	815～891	得法於溈山靈祐禪師	南嶽下第四世
潭州道吾山宗（圓）智禪師	唐大曆三年至太和九年	768～835	潭州（今湖南長沙）	青原下第三世藥山惟儼嗣
潭州雲巖曇晟禪師	唐建中二年至會昌元年	781～841		
澧州高沙彌			澧州（今湖南澧縣）	
潭州石室善道禪師			潭州（今湖南長沙）	青原下第三世長髭曠嗣
澧州龍潭崇信禪師			澧州（今湖南澧縣）	青原下第三世天皇道悟嗣
鼎州德山宣鑒禪師	唐大曆十四年至咸通六年	779～865	鼎州（今湖南常德縣）	青原下第四世龍潭崇信嗣

潭州石霜慶諸禪師	唐元和元年至文德元年	806～888	潭州石霜山（今湖南長沙境）師廬陵新淦陳氏子	青原下第四世道吾山圓智嗣
潭州漸源仲興禪師			潭州（今湖南長沙）	
澧州夾山善會禪師	唐貞元廿年至中和元年	804～881	出家受戒於潭州龍山	青原下第四世船子誠嗣
澧州洛浦山元安禪師	唐太和七年至光化元年	833～898	澧州（今湖南澧縣）	青原下第五世夾山善會嗣
澧州欽山文邃禪師				青原下第五世洞山良价嗣
潭州雲蓋山志元圓淨禪師			潭州（今湖南長沙）	青原下第五世石霜慶諸嗣
潭州龍牙山居遁證空禪師	唐太和八年至五代梁龍德三年	834～923	受湖南馬氏之請，住龍牙山妙濟禪苑	青原下第五世洞山良价嗣
鼎州德山緣密禪師			鼎州（今湖南常德縣）	青原下第七世雲門文偃嗣
岳州巴陵新開院顥鑒禪師			岳州巴陵（今湖南岳陽縣）	

鼎州梁山緣觀禪師			鼎州（今湖南常德縣）	青原下第八世 同安志嗣
潭州神鼎洪諲禪師			潭州（今湖南長沙）	南嶽下第九世 首山省念嗣
潭州北禪智賢禪師				青原下第九世 南嶽雅嗣
潭州石霜楚圓慈明禪師			潭州（今湖南長沙）	南嶽下第十世 汾陽善昭嗣
南嶽芭蕉菴大道谷泉禪師			南嶽	
潭州興化紹銑禪師			潭州興化（今湖南興化縣）	青原下第十世 北禪智賢嗣
潭州道吾悟真禪師			湖南境內	南嶽下十一世 石霜楚圓嗣
南嶽雲峯文悅禪師			湖南境內 南昌徐氏子	南嶽下十一世 大愚守芝嗣
潭州雲蓋守智禪師	生年未詳至宋政和五年	~1115	湖南境內	南嶽下十二世 黃龍慧南嗣
潭州隆興府泐潭洪英禪師				

舒州白雲守端禪師			衡陽葛氏子，幼事翰墨，依茶陵郁禪師披剃。	南嶽下十二世楊岐方會嗣
潭州大溈慕喆真如禪師			潭州（今湖南境）	南嶽下十二世翠巖可真嗣
南嶽石頭懷志菴主			南嶽（湖南境）	南嶽下十三世寶峯克文嗣
衡州華藥智朋禪師			衡州（今湖南境內轄衡陽、清泉等七縣）	青原下十三世寶峯惟照嗣
潭州上封佛心才禪師				南嶽下十四世黃龍惟清嗣
潭州法輪應端禪師			潭州（今湖南境）	
潭州大溈佛性法泰禪師				南嶽下十五世昭覺克勤嗣
潭州龍牙智才禪師	生年未詳至宋紹興八年	～1138		南嶽下十五世太平慧懃嗣

南宗禪在唐初的茁壯

人地固分南北，佛性豈有東西？這是南宗六祖慧能大師對答五祖的語意。形而上的體性，固然沒有東西之別，但當它形成現象，與時間、空間發生了關係，自然便有東西南北的差異了。由此看世界文化的分野，也自然有南北之別了，每個大小區域的文化，乃至宗教的文化，均難以超越此例。

佛教原在印度的本土，也不例外。早期的佛法，生根發揚於印度的中部和北部。自釋迦寂滅以後，宗派異說紛歧，各自建立門庭，區域畛分，也是當然的現象。到了後期佛學時期，吾道南行，便有流傳於南印一帶的南傳佛法了。

自漢末傳入中國的佛教，初由印度北部經天山南北進入中國境內，經歷魏、晉、南北朝四五百年之間，猶如當時中國的割據局面一樣，盤據要津，也都在黃河上游的南北區域。

南。

自東晉南渡以後，經宋、齊、梁、陳而到隋代，才逐漸推廣到長江以南。

至於南印佛法的傳入廣東，則是初唐以後的事。

可是，當時中國的文化重心和佛教的中心區域，仍然匯聚在中原地帶，尤以唐代的首都長安為最盛。

從地緣關係看文化氣運的發展，無論任何地區，任何時代，都有南北東西的異同。

大致說來，北方的文化氣質，多半偏向於質樸、雄渾，南方則偏向於虛靈、飄逸。

隋、唐以後，中國文化由北向南開展，所以佛教文化的機運，也隨例而南。這恰如莊子所謂：北冥有魚，化而為鵬，「海運則將徙於南冥也」，非常巧合而有趣。

南行禪道落在江湖

初唐時代的佛教與佛學，經過唐太宗、高宗兩代之後，正是禪宗五祖與六祖的啣接時期。

同時又正當玄奘法師從印度留學回國，大量翻譯佛經，大事弘揚唯識法相之學，因此佛教的義理之學，在此時期，已達巔峯。風氣所及的重要區域，如唐代政治中心的長安及中原地帶，上至名公巨卿，下及販夫走卒，都融匯於東晉以來鳩摩羅什般若佛學的體系，與玄奘法師所傳法相學說的義海。

中國佛學十宗宗派的崛起，也正在此際鼎盛一時。

但其中注重真修實證的宗門，別如天臺、華嚴兩大家，都受到禪宗的影響，大多避開名利的競爭與塵囂的煩擾，而向長江以南較為隱僻的地方延伸發展。禪宗的五祖弘忍大師當時說：「吾道南矣」。把他的語意推廣來講，豈止禪道南行，其他的佛法，又何嘗不如此呢！

一個真正學禪的人，對於名利嗜慾，畢竟是味同嚼蠟，假使他還有鐘鼎朝市的貪戀，恐怕除了神會和尚的別有用意以外，誰都沒有這種多餘的心情。

禪的境界中別有天地，絕非俗情所能推想得到。

遊心禪境，既然需要有清閒寂然的環境，因此六祖便有「葉落歸根」的安排，始終安老於嶺南的清靜境中。但他門下的再傳弟子，便多散處於江（西）湖（南）的崇山峻嶺之間，自取世外之樂。尤以當時的南嶽衡山，為最理想的環境。

奠基南宗的兩大柱石

如果說自唐代以後，中國的禪宗，真有南北頓漸兩宗的分別，問題並不在慧能六祖與神秀大師兩人。

硬要加在六祖的最小弟子神會（荷澤）身上，那也是後世亂加推測的事。所謂：「欲加之罪，何患無辭。」

嚴格的討論這個問題，唐代的禪，有南北頓漸兩宗之分，應該從六祖的得意弟子，南嶽懷讓和吉州（江西）青原行思兩人開始。

可是南嶽讓和青原思兩人，起初又都是嵩山（河南）慧安國師的及門弟子。慧安禪師，又是黃梅（湖北）五祖弘忍大師的得法弟子，算起來，還正是六祖的師兄呢！

由慧安國師與六祖兩位大匠作育出來的不世之才，不但深得禪的精髓，同時又更發揮作育人才的高明教授法，因此造就了後來馬祖道一禪師——懷讓大師的得意弟子。

南嶽懷讓禪師，本姓杜，金州（陝西安康縣）人。唐高宗儀鳳二年（西元六七七年）生。

他在幼童的時期，從十歲開始，便只喜歡讀佛學的經典。當時有位玄靜三藏和尚，對他的父母說：此子若出家，必定能獲得最上乘的佛法。

到了唐武后垂拱四年（西元六八八年）以後，十五歲時，他便依荊州玉泉寺的宏景律師出家了。過了十年，正當通天元年（西元六九六年）正式受了戒，專心學習佛教的戒律。

到了武后久視元年（西元七〇〇年），有一天他很感慨的說：「我受戒，今經五夏，廣學威儀而嚴有表，欲思真理而難契當。」「夫出家者，當為無為法，天上人間，無有勝者。」因此便與同學僧坦然和尚，作伴到嵩山去見慧安國師。

讓師與坦然見到了安國師，國師那時已經很老了。有一次，他們問安國師說：「如何是祖師（達摩）西來意？」安國師說：「何不問自己意？」因此又問：「如何是自己意？」安國師說：「當觀密作用。」又問：「如何是密作用？」

安國師把眼睛對他們一開一合。

坦然和尚當下就有所明白，得到了究竟的歸宿之處。（當心，明白什麼？）

懷讓禪師則到廣東曹溪去見六祖。六祖便問他：「哪裡來？」他說：

「從嵩山來。」六祖說：「什麼物？恁麼（怎樣）來？」他答不出來。從六祖處學了八年，才恍然有省。他對六祖說：「說似一物即不中（說它像一個東西便不對了）。」六祖說：「還可修證否？」他說：「修證即不無（不能說不用修證）；污染即不得（但不修證，就說被染污了，那也是不對的）。」六祖說：「只此不污染，諸佛之所護念。汝既如是，吾亦如是。西方般若多羅祖師的預言說：從你的足下，出一馬駒，踏殺天下人。應在汝心，不須速說。」

在曹溪侍奉六祖又過了十五年，到了唐玄宗的開元二年（西元七一四年），他才又到南嶽衡山，寄住在般若寺。那時，距離安國師寂滅後七年——安國師活到一百二十八歲才入寂滅。

以上年代，各種資料，均有出入，現在姑以《祖堂集》作根據，參合來講。

行思禪師

從小就出家為僧的行思禪師，俗姓劉，廬陵（江西）人，自從曹溪得意以後，便住在江西吉州青原山的靜居寺，因此又叫他為青原禪師。他初見六祖的時候，有一天問六祖說：「應當怎樣做，才不落在級次中（佛學顯教中進修聖賢程序的階次）？」六祖說：「你曾作什麼來？」他說：「聖諦亦不為（聖人的境界也不為）。」六祖便說：「那麼，你落在什麼階級？」他說：「聖諦尚不為，何階級之有？」六祖因此便深深的器重他，叫他帶領大眾，作弟子們的首座。他在開元二十八年（西元七四〇年）圓寂。

新語云：看了這兩則公案的故事，要注意兩點。

（一）慧安國師的教育態度：懷讓與坦然二師同時向他參究，坦然能夠當下領會到，便知歸休。當時懷讓還沒有懂，他便叫他去曹溪見六祖慧能大師。因才施教，各有因緣，絕不加以絲毫的勉強。

（二）懷讓禪師，自十五歲出家學道，在年輕的時候，即努力苦修戒定，絕非一日也未治心修學，便得到言下頓悟的狂禪可比。後來見到六祖，從他參學了八年。在這八年中，更非只是悠悠蕩蕩，空閒的過日子，便可叫作學禪。到了他有所領悟以後，還依止六祖侍從了十五年，才離開住在南嶽的般若寺。在這樣漫長的三十年來的修學時光，他並非毫無修證就說已能禪道了。

現在一般研究禪宗的人，看看公案、語錄，欣賞一下那些機鋒上的奇言妙語，認為禪便是如此而已，真有不知所云之感。再說，行思禪師，從小出家學道，經過六祖的作育以後，在曹溪作首座弟子多年，才有後來的成就。總之，禪，重在真參實證，真參實悟。如果在意識心境上，約略有些浮光掠影，便自認為是悟道了，那只好讓你去自誤了！

初唐時期的文化大勢

自唐太宗貞觀初期（西元六四〇年），直到玄宗天寶（西元七五〇年）前後的一百多年間，正是唐代文化的奠基和建立時期。大體說來，政治走上軌道，社會安定，農業社會的良好經濟制度，也已有了穩定的基礎。對外雖有部分的戰爭，但都在邊陲一帶，因為交通不便，音聞困難，所以並未影響國內。一個資源豐富、幅員遼闊的大陸國家，如有半個世紀以上的安定，每戶人家經三代的勤勞努力，個個安居樂業，自然可想而知它的繁榮狀況。王摩詰所謂的：「九天閶闔開宮殿，萬國衣冠拜冕旒。」那應該是初唐盛世的寫實，並非虛構。

在這樣的一個時代中，同時經唐太宗採用隋朝以來的考試取士規模，確立了「進士」出身的考試制度，他自詡謂：「天下英雄，盡入彀中」，洋洋得意。事實上，也值得他的得意。因為天下安定，第一流智力的人才，只有趨向於文學的造詣而求取功名富貴了。

唐代文運的發達，與兩漢的成就，又有不同的精神。甚至，還可以說遠勝兩漢。但無論在任何時代中，智力才勇之士滿足或不滿足與生活攸關的功名富貴以外，只要一安靜下來，或受到某種因素的刺激，就進而有在現實思想學術之中，追求形而上的要求，這是必然的趨勢。尤其在安定的社會中，更會產生追求現實世界以外的遐思。因此初唐時期，除了文運的發展，佛學風氣的勃興，取代兩晉南北朝以來「玄學」的研究，也是事有必至，勢有固然。

其中自高宗以後，雖有武后掌握政權的一段變故，只是屬於宮闈內政的變亂，並未動搖國本。到了玄宗時代，又有安祿山一段變亂，好在為時不久，又告平定。而且武后與玄宗的性格，不但愛好文學，又都是傾向於形而上學和神祕學的好奇者，直接或間接對於佛學的培養，都是莫大的助緣。

唐初中國佛學的茁壯

律　宗：有南山道宣律師為其翹楚。

天臺宗：盛行於初唐到中唐時期。

華嚴宗：賢首（法藏）和尚與清涼（澄觀）國師，先後相繼執持牛耳。約自貞觀時期（西元六六〇年）到先天（西元八四〇年）年間。至於圭峯（宗密）大師，已屬晚唐間事。

密　宗：號稱開元三大士的善無畏、金剛智、不空三藏，都在此時躍登寶座，深受玄宗的信仰。這時善無畏和金剛智的東來，都從南海的廣東方面登陸。

淨土宗：自東晉以來，一直普入民間。

禪　宗：南能北秀的頓漸之說，也普遍流傳，已非梁、隋時代的隱隱約約，欲說還休的情況。

此外，在佛學方面，為禪淨各宗所信奉的《楞嚴經》，也自初唐時期，從廣東方面傳譯到中國。

中國佛學的著作和分科判教（分析和歸納）的研究方法，也從此建立而興盛。

這時，韓愈的闢佛，李翺著的《復性書》都還沒有開始。講學的講學，修證的修證，佛教和佛學的光芒，真是普遍蓋覆了東方的天下。後世中國佛教源遠流長的功德，也可以說都是靠唐代佛教大師們的力量。前人種樹，後人乘涼。今天凡是講中國文化的，大致仍是託庇於祖宗的餘蔭，真是無限感慨系之。

一磚頭打出來的宗師

在這樣的文化潮流中，有人擺脫了文字學術的韁鎖，融滙了中印文化的大系，陶鑄了浩如煙海的經論和疏鈔，脫開文人學士的習氣，只以民間平凡的語句動作，溝通了形上形下的妙諦，綜合了儒、道、佛三家的要旨，這實在是南宗禪的創作。

這個創作，固然由慧能六祖開其先河，但繼之而來的，應該便是懷讓禪師的傑作了。他用一塊磚頭塑造出一個曠代的宗師——馬祖。

事情的經過是這樣的：

懷讓禪師退居到南嶽以後，看到山中一個年輕的和尚，天天在坐禪——那個時候，並沒有什麼參話頭的事。所謂坐禪，是小乘禪觀的傳統方法和止觀法門的流緒。

懷讓禪師大概是把六祖轉告他印度般若多羅祖師的預言，牢記在心。所以也一心一意在找要經他手造就出來的得意弟子。

他看了這個年輕和尚一表人才，專心向道的志氣可嘉，認為他就是可造之才了。因此拿了一塊磚頭，當著他打坐的地方，天天去磨磚。

年輕的馬祖和尚好奇了，他看了幾天，覺得這個老和尚很奇怪，為什麼要天天來磨磚頭呢？便開口問他說：「老和尚，你磨磚作什麼啊？」

「磨磚為了作個鏡子用。」老和尚答。

「真好玩！磚頭哪裡可能磨成鏡子用呢？」馬祖有點憐憫老和尚的愚癡了。

老和尚說：「噢！你在這裡作什麼啊？」

「打坐。」年輕的馬祖，很乾脆地回答。

「打坐作什麼啊？」老和尚問。

馬祖說：「打坐為了要成佛。」

老和尚笑了，笑得很開心。馬祖被他笑得莫名其妙，瞪著眼睛看老和尚。

老和尚說：「你既然說磨磚不能作鏡，那麼打坐怎麼可以成佛呢？」

馬祖迷惘了！便很恭敬的問老和尚：「那麼，怎樣才對呢？」

老和尚說：「譬如一輛牛車，要走要停的時候，你說，應該打牛？應該打車？」

這一棒，打醒了年輕馬祖的迷夢。

身子等於是一部車；心裡的思想等於是拖車的牛。打坐不動，好像車子是剎住了，可是牛還是不就範的在心中亂跳。那坐死了有什麼用？

在這裡，附帶說一個同樣性質，不同作用的故事，也便是懷讓禪師磨磚作鏡的翻版文章，在中國的花邊文學上，也是一個著名的公案。《潛確類書》記載：

李白少年的時候，路上碰到一個老太婆，很專心的磨一支鐵杵。他好奇地問她作什麼用？老太婆告訴他是為了作針用。李白因此心有所感，便發憤求學，才有後來的成就。俗話所謂：「只要工夫深，鐵杵磨成針。」便由此而來。

南嶽懷讓輕輕易易地運用了「磨磚作鏡」，表達了南宗禪的教授法和佛學精要的革新作風，開啟了後來馬祖一生的「直指人心，見性成佛」的特殊風格，真是妙絕。你說他是啟發式的教育也好，刺激也好，教訓也好，那都由人自鬧，自去加鹽加醋吧！

馬祖的悟道，真的只憑這樣一個譬喻就行嗎？不然！懷讓大師這一作為，只是點醒他當頭棒喝的開始。接著，他更進一步，要喚醒他的執迷不悟，便又向馬祖說：

「你為學坐禪？為學坐佛？若學坐禪，禪非坐臥。若學坐佛，佛非定相。於法無住，不可取捨，何為之乎（你要怎麼辦）？汝若坐佛，卻是殺佛。佛若執坐相，非解脫理也。」

讓大師說到這裡，青年的馬祖和尚實在坐不住了，便從座位上站起來，正式禮拜請問：「怎樣用心，才契合於無相三昧？」

讓大師說：「你學心地法門，猶如下種。我說法譬如下雨。你緣合，故當見道。」

馬祖問：「老和尚，你說的見道，見個什麼道啊？道並非色相，怎樣才見得到呢？」

讓大師說：「心地法眼，能見於道。道本來便是無相三昧，也是從心地法門自見其道的。」

馬祖問：「那有成有壞嗎？」

讓大師說：

「若契於道，無始無終，不成不壞，不聚不散，不長不短，不靜不亂，不急不緩。如果由此理會得透徹，應當名之為道。」

同時，他又說了一個偈語：「心地含諸種，遇澤悉皆萌，三昧花無相，何壞復何成！」

新語云：自漢末、魏、晉、南北朝到盛唐之間四五百年來的佛教，無論哪個宗派，只要注重實證的佛法，唯一的法門，都是以「制心一處」，「心緣一念」的禪觀為主。

但一念專一，是不是治心的究竟？清淨是否就是心的本然？還是一個極大的問題。雖然有了後來「般若」、「唯識」等大乘的經論教理加以解說，但要融匯大小乘的實證法門，在當時，除了達摩禪以外，實在還無其他更好的捷徑。

馬祖的出家學佛，也是從學習禪靜而求佛道，那是正常的風規，一點沒錯。但一涉及融匯大小乘佛法的心印，就需要有讓大師「點鐵成金」的一著而後可。讓大師力闢以靜坐為禪道的錯誤，完全和六祖的作風一樣，這是對當時求道修證之徒的針砭。可是後世的學者，一點靜坐工夫都沒有，便拿坐禪非道的口頭禪以自解嘲，絕對是自誤而非自悟。俗語說：「莫把雞毛當令箭」，固然不錯。但把令箭當雞毛的結果，尤其糟糕。

至於究竟如何，才如馬祖所問「契合於無相三昧的真諦」呢?且看下面一段問答。

另有一位大德問懷讓大師說：「如果把銅鏡熔鑄成人像以後，鏡的原來光明到哪裡去了？」

讓大師答：「譬如你作童子時候的相貌，現在到哪裡去了？」

又問：「那麼，何以鑄成了人像以後，不如以前那樣，可以照明了呢？」

讓大師答：「雖然不會照明，但一點也謾他不得！」

附錄：禪的幽默

禪的幽默係譯自《笑禪錄》。潘游龍原著的《笑禪錄》，是用禪家的手法，例舉古代的公案，重新參證。他用「笑」字的標題，是以輕鬆詼諧的姿態出現，要使人在一笑之間，悟到理趣，與金聖嘆的談禪方式，又別成一格。可惜胡適之不懂禪學，結果誤會《笑禪錄》是部鄙視禪宗的書，所以引用它「打即不打，不打即打」來誣蔑禪宗，反倒值得一笑了。

（一）

有一天，遵布衲師在清洗佛像，有人問：「這個被你這麼清洗，能洗出那個（佛性）來麼？」

遵布衲從容答說：「你把那個拿來我瞧瞧。」

《笑禪錄》云：

有一個人走在路上，肚子餓了，想騙碗飯吃，就到一家門口說：「我能把破了的針鼻孔補起來，只要你們給我些飯吃就好。」那家人聽了，就端出飯菜，又找了好些針孔破缺了的針出來。這位過路人安安穩穩地吃飽後，就一本正經地說：「你們把缺了的那邊針鼻子拿來，我要動手補了。」

頌曰：

那個那個，快去尋取。有垢則浴，有破則補。

若還尋不出來，我亦茫茫無主。

（二）

有一回舍多那尊者正要進鳩摩羅多的房間，羅多把門關了起來。舍多那在門外站了半天，房門還沒打開，於是在門上敲幾下，羅多說：「屋裡沒人。」舍多那問：「說沒人的是誰？」

《笑禪錄》云：

黃昏時分，有個秀才，看看附近沒有旅店可以過夜，就走到路邊一戶人家，想借宿一夜。那家正好只有一個婦人，站在門內說：「對不起，我們家沒有人。」秀才說：「有你！」婦人急著說：「我家沒男人。」秀才說：「有我！」

頌曰：

舍內分明有個人　無端答應自相親

扣門借宿非他也　爾我原來是一身

（三）

臨濟對大眾說：「在我們這個肉團身上，有個居止無定位的真人，常常從頭面上出入，你們沒見過的，好好瞧瞧。」

有個出家人問：「居止無定位的真人是什麼？」臨濟從禪床上下來，一把抓住這個人說：「說！說！」出家人正想開口，臨濟把手一放說：「沒有一定方位的真人是什麼乾矢橛。」

《笑禪錄》云：

有個人晚上想在廟裡借宿，就對裡面的出家人說：「我有個世世用不盡的寶物，想送給貴寺，但願你們不會嫌棄。」出家人便很熱誠地留此人過夜，而且非常恭敬地招待他。第二天早上廟裡的出家人找個話題，試探地問：「您那個世世用不盡的是什麼東西？」這位仁兄慢條斯理地指著佛前一掛破竹簾：「用這個做剔油燈的棒子，可以世世用不盡。」

頌曰：
人人有個用不盡　說出那值半文錢
無位真人何處是　一燈不滅最玄玄

（四）

《楞嚴經》云：「縱滅一切見聞覺知，內守幽閒，猶為法塵分別影事。」

《笑禪錄》云：

有個禪師教一齋公，摒除所有外緣，閉目靜心打坐。結果，有一次坐到五更天快亮時，忽然想起某人某天借了一斗大麥沒還。於是就叫醒齋婆說：「果然不錯，禪師教我打坐太好了，否則這斗大麥就被人騙走了。」

頌曰：

兀坐靜思陳麥帳　何曾討得自如如
若知諸相原非相　應物如同井轆轤

（五）

《圓覺經》云：「此無明者非實有體，如夢中人夢時非無，及至於醒，了無所得。」

《笑禪錄》云：

有個獃子，夢見拾到一匹白布，緊緊地抱著。天一亮，頭沒梳，臉沒洗，就趕到染匠家，急急地嚷：「我有匹布，請你們染顏色。」染匠說：「你把布拿來。」這個獃子低頭一看，才恍然大悟地說：「哎呀！不對，原來是我昨晚做的夢。」

頌曰：
這個人癡不當癡　有人夢布便縫衣
更嗔布惡思羅綺　問是夢麼答曰非

（六）

《金剛經》云：「如來說有我者，則非有我。而凡夫之人以為有我。」

《笑禪錄》云：

有個夏天，一個秀才到廟中參拜某禪師，禪師坐著不起，秀才不以為然地問他是何道理，這位禪師答：「我不起身便是起身。」秀才聽後，拿扇子往禪師頭上打了下去。禪師挨這一打，極為懊惱，責問秀才。秀才面有得色地說：「我打你就是不打你。」

頌曰：

有我即無我，不起即是起。起來相見有何妨，而我見性尚無止。

秀才們，禪和子，那個真是自如如，莫弄嘴頭禪而已。

（七）

有人問藥山禪師：「怎麼樣才能不被外境迷惑？」藥山說：「任由外境來去，有什麼關係？」回說：「不會。」藥山就說：「什麼外境使你迷惑？」

《笑禪錄》云：

許多少年聚在一塊兒喝酒，同時還有歌妓陪坐，其中只有首座上的一位長者，閉眉閉眼，規規矩矩地正襟危坐，不理會周圍的嬉鬧。酒會散後，歌妓向他索取酬賞，長者拂衣而起，生氣地說：「我根本連正眼都沒有看你呀！」歌妓一聽，用手抓著他說：「眼睛看的算什麼？閉著眼睛想的，才更厲害！」

頌曰：

水澆鴨背風過樹　佛子宜作如是觀

何妨對境心數起　閉目不窺一公案

（八）

《起信論》云：「迷人依方故迷，若離於方，則無有迷，眾生亦爾。」

《笑禪錄》云：

某縣裡有個羅文學，想坐船順流到荊州，於是叫一個傻佣人搖槳，但是這個佣人卻說：「我不搖第一把槳。」文學聽了覺得非常不解，傻佣人解釋道：「我怕不認得路。」

頌曰：

岸夾輕舟行似馳　只因方所自生疑
海天空濶無人境　星落風平去問誰

又曰：

但得梢公把柁正　何愁盪槳不悠悠
任他風雨和江湧　穩坐船頭看浪頭

（九）

有位比丘問大隨：「什麼是我自己？」隨說：「就是我自己呀！」比丘又追問：「為什麼是和尚您自己呢？」答道：「就是你自己。」

《笑禪錄》云：

有位少年喜歡說反話，一天，騎著馬向隔壁的老先生討酒喝，這位老先生說：「我有斗酒，可惜沒有下酒的菜。」少年說：「把我的馬殺掉不就行了。」老先生關心地問：「那您騎什麼呢？」少年胸有成竹地指指地下的雞說：「騎牠。」老先生頗覺尷尬地說：「唉！有雞可殺，可惜沒柴可煮。」少年又灑脫地說：「把我這件布衫脫去當柴燒！」老先生又奇怪地問：「那您穿什麼呢？」少年從容地指著籬笆道：「穿它！」

頌曰：

指雞說馬，指衫說籬。誰穿誰煮，誰殺誰騎。

參！參！如何是自己？當面不語時。

（十）

《壇經》云：「諸佛妙理，非關文字。」

《笑禪錄》云：

有位道學先生教人家，只要深切體會得一兩句孔子的話，便終生受用不盡。有位少年一聽，就向前對這位先生作禮說道：「我對孔子的兩句話有會於心，念念於懷，覺得非常貼切，而大有心廣體胖之效。」先生問：「是哪兩句？」答道：「食不厭精，膾不厭細。」

頌曰：

自有諸佛妙義　莫拘孔子定本
若問言下參求　非徒無益反損

（十一）

睦州禪師曾問一秀才：「您研究哪一種經論？」秀才答：「《易經》。」睦州於是說：「《易經》中說『百姓日用而不知』，請問您到底不知什麼？」秀才：「不知其道。」睦州：「那麼道又是什麼？」

《笑禪錄》云：

有個和尚和許多朋友聚在一塊兒談心，和尚問：「音字底下加一個心字，是什麼？」座中有人說：「我生平從來沒見過這個字。」另有人說：「曾經在一本古書上看過。」還有人說：「常看到這個字，只是現在怎麼也想不起來了。」也有人用手在桌上畫著說：「一定沒有這個字。」後來這位和尚將謎底揭穿，引起哄堂大笑。

頌曰：

最平常是最神奇　說出懸空人不知
好笑紛紛求道者　意中疑是又疑非

（十二）

雲芝再度拜見翠巖，懇請准予入室求道。翠巖說：「佛法是不怕爛壞的。現在天氣這麼冷，你燒炭去吧！」

《笑禪錄》云：

老山寧長者離城有兩百多里，有一個冬天，大雪紛飛，他一大清早就起身，披著皮裘準備上馬。有個叫供耕的老佣人，蓬散著頭髮，拉著馬走上前來，舌頭僵硬地問：「天氣這麼冷，您今天打算到哪兒去呀？」長者：「我要去兩程祠堂的大會上講學。」老佣人說：「那我也要去聽聽。」長者斥責道：「你懂得聽什麼學？」老佣人就用手指指腰下面說：「我也去聽聽道理，到了冬天臘月時，該有褲子穿了吧？」

頌曰：

冷時燒炭併穿裩　這是修行喫緊人
杁杁桔桔何為也　空向叢林走一生

（十三）

桂琛禪師看見一個和尚走來，便舉起拂塵，和尚一見，作禮讚歎：「謝謝和尚指示。」桂琛說：「我成天用它掃床掃地，為什麼你就不說謝謝和尚指示？」

《笑禪錄》云：

有個老學究訓誡學生，不可出門亂跑，有一天又對學生們說：「你們別亂跑著玩，我去講學給後生們聽。」有個學生就出來問：「先生每天在學堂裡到底講的是什麼？現在怎麼又要出門去講學呢？」

頌曰：

那時不在指禪機　何必讚禮豎拂子
好笑峨冠赴講堂　良知良知而已矣

（十四）

崔相國走入大殿，看見一隻小鳥在佛的頭上拉屎，於是問如會禪師：「一切眾生都有佛性，為什麼這隻鳥在佛頭上拉屎？」如會答：「你放心，牠再怎麼也不會到鷂子頭上拉屎。」

《笑禪錄》云：

有批大盜晚上去搶劫一家人，那家人害怕得跪在地上連連磕頭，請「大王」饒命。大盜說：「什麼大王！叫我們好漢才是。」話沒說完，遠遠傳來幾聲雞鳴，眾好漢忙不迭地騎馬而逃。一個家人站起身來，拍拍衣服，朝外喊著：「好漢，好漢，吃了早飯再走罷！」

頌曰：

盜怕天明雀怕鷂　可知佛性通諸竅
若分惡類與禽獸　大地眾生皆不肖

（十五）

《楞伽經》云：「觀察世妄想，如幻夢芭蕉，雖有貪嗔癡，而實無有人。從愛生諸陰，有皆如幻夢。」

《笑禪錄》云：

有個人憂心忡忡地對朋友說：「我昨晚在夢裡大哭，這一定是個不吉祥的兆頭。」他朋友打哈哈地說：「沒關係，晚上在夢裡大哭，白天就會大笑。」那人一聽，反問：「果真如此，那麼，晚上夢見有我在哭，白天豈不就無我在笑了嗎？」

頌曰：

夢時有我哭　醒時無我笑
貪嗔癡何在　正好自觀照

（十六）

有個和尚對雪峯禪師說：「請師父將佛法指示給我。」雪峯說：「你說什麼東西？」

《笑禪錄》云：

甲、乙兩個朋友，交情很好。有一天，甲忽然病了，痛苦萬分。乙焦急萬狀，關切地問：「你得了什麼病？需要些什麼？我一定盡力而為。」甲說：「我得了缺錢病，只要一些錢，就行了。」乙聽後，滿臉沒聽清楚的樣子，停了一會兒說：「你說什麼？」

頌曰：

黃金貴似佛法　佛法貴似黃金
覓時了不可得　吾已與汝安心

（十七）

盤山寶積禪師走在市場上，看到一個人買豬肉時對屠夫說：「精的割一斤來。」屠夫一聽，放下屠刀，叉著手說：「長史，哪個不是精的？」

《笑禪錄》云：

有位朋友勸一個監生讀書，這位監生因此就關著門用功。幾天後，出來向這位朋友道謝說：「果然書是該讀的，從前我一直以為書是寫的，現在才知道原來是印的。」

頌曰：

個個是精，心心有印。放下屠刀證菩提，揭開書本悟性命。

咄！不煩閱藏參禪，即此授記已竟。

（十八）

有人問龍牙禪師：「古人得到個什麼，就休去了呢？」龍牙回道：「好比一個小偷進了一間空屋。」

《笑禪錄》云：

有個小偷晚上鑽進一戶窮人家，結果沒東西可拿，正開門準備出去。這時睡在床上的窮人叫起來了：「喂！那個傢伙，給我關上門再走。」小偷說：「你這傢伙怎麼這麼懶，難怪你家裡一點東西都沒有。」窮人說：「難道要我辛辛苦苦，賺來讓你偷嗎？」

頌曰：

本來無一物　何事惹賊入

縱使多珍寶　劫去還空室

南懷瑾文化出版相關著作

2014年出版

南師所講呼吸法門精要
劉雨虹／彙編

孟子與盡心篇
南懷瑾／講述

東拉西扯——說老人，說老師，說老話
劉雨虹／著

雲深不知處：南懷瑾先生辭世週年紀念
劉雨虹／編

禪海蠡測
南懷瑾／著

禪海蠡測語譯
南懷瑾／原著，劉雨虹／語譯

孟子與滕文公、告子
南懷瑾／講述

太極拳與靜坐
南懷瑾／講述

2015年出版

點燈的人：南懷瑾先生紀念集
東方出版社編輯群／編

金粟軒紀年詩
南懷瑾／原著，林曦／注釋

話說中庸
南懷瑾／著

孟子與萬章
南懷瑾／講述

2017年出版

瑜伽師地論 聲聞地講錄（上下）
南懷瑾／講述

靜坐修道與長生不老
南懷瑾／著

圓覺經略說
南懷瑾／講述

答問青壯年參禪者
南懷瑾／講述

說不盡的南懷瑾
查旭東／著

說南道北：說老人 說老師 說老話
劉雨虹／著

南懷瑾與楊管北
劉雨虹／編

禪、風水及其他
劉雨虹／著

如何修證佛法（上下）
南懷瑾／講述

藥師經的濟世觀
南懷瑾／講述

懷師之師：袁公煥仙先生誕辰百卅週年紀念
劉雨虹／編輯

我的故事我的詩
南懷瑾／講述

2016年出版

孟子與離婁
南懷瑾／講述

孟子與公孫丑
南懷瑾／講述

對日抗戰的點點滴滴
南懷瑾／口述

孟子旁通
南懷瑾／講述

大圓滿禪定休息簡說
南懷瑾／講述

我說參同契（上中下）
南懷瑾／講述

人生的起點和終站
南懷瑾／講述

孔子和他的弟子們
南懷瑾／講述

漫談中國文化：企管、國學、金融
南懷瑾／講述

跟著南師打禪七：一九七二年打七報告
劉雨虹／編

2018年出

洞山指月
南懷瑾／講述

百年南師——紀念南懷瑾先生百年誕辰
劉雨虹／編

新舊教育的變與惑
南懷瑾／著

禪與生命的認知初講
南懷瑾／講述

易經繫傳別講（上下）
南懷瑾／講述

道家密宗與東方神祕學
南懷瑾／著

中醫醫理與道家易經
南懷瑾／講述

2019年出版

花雨滿天維摩說法（上下）
南懷瑾／講述

金剛經說甚麼（上下）
南懷瑾／講述

懷師的四十三封信
劉雨虹／編

2020年出版

禪宗新語
南懷瑾／著

編印中

原本大學微言（上下）
列子臆說（上中下）
易經雜說
皇極經世書

禪宗新語

建議售價・240元

作　　者・南懷瑾

出版發行・南懷瑾文化事業有限公司

網址：www.nhjce.com

董 事 長・南國熙

總 經 理・饒清政

總 編 輯・劉雨虹

編　　輯・古國治　釋宏忍　彭　敬　牟　煉

記　　錄・張振熔

代理經銷・白象文化事業有限公司

412台中市大里區科技路1號8樓之2（台中軟體園區）

出版專線：（04）2496-5995　傳真：（04）2496-9901

401台中市東區和平街228巷44號（經銷部）

購書專線：（04）2220-8589　傳真：（04）2220-8505

印　　刷・基盛印刷工場

版　　次・2020年2月初版一刷

2021年11月初版二刷

設計編印　白象文化

www.ElephantWhite.com.tw

press.store@msa.hinet.net

總監：張輝潭　專案主編：吳適意

國家圖書館出版品預行編目資料

禪宗新語／南懷瑾著．－初版.－臺北市：南懷瑾文化，2020.1

面：　公分

ISBN 978-986-96137-6-7（平裝）

1.禪宗 2.佛教修持

226.65　108021817